大展好書 好書大展

大展好書 好書大展

趣味心理講座 8

# 性格測驗⑧

## 由吃認識自己

淺野八郎／著
李鈴秀／譯

大展出版社有限公司

# 前言

性格測驗第八集出版了。在此之前，有的人或會認為，性格測驗到此應再也變不出戲法了，其實，要探討的題目還多的很呢。換句話說，再也沒有什麼比人心有更多的謎，因此，要探討的題目是永不會斷絕的。這次，就是以「吃」為主題所做的性格測驗。

從一個人吃些什麼，或喜歡吃些什麼，就可瞭解此人——在十八世紀，法國的律師兼美食專家，比賴亞・薩巴朗，就已開始探討此一問題。講究吃的人，在與人交往上，或興趣方面，也會顯示出很有個性，不講究吃的人，大都是大而化之，沒有什麼品味的人。

人的一生，花在睡和吃的時間上相當多。一個人如何去控制

「吃」這個慾求，或者如何滿足此慾求，不僅能說明這個人的人生觀，對瞭解此人的金錢感覺和對異性的慾望，也有很大的幫助。

俗話說：「衣食足而知禮節」，可見人在衣食方面，不能獲得滿足的話，就不可能有幸福感和滿足感了。人類文化的歷史，大致說來，就是一部「食物的歷史」。如何講究吃，或如何吃的津津有味，都可以算是文化的一部分。

例如：在論及京都文化時，就不能忽略了京都料理。京都料理的味道，其實就代表著京都文化的本身，而用在烹飪和餐飲上的「器具」之講究，也可以提高料理的品味。

現代可說是個喜愛速食品或漢堡的時代。它也象徵著現代年輕人的文化。對吃的研究，可說是瞭解人類的一個關鍵。

此次的性格測驗就是著眼在這些問題上面。

# 目錄

## 第二章　從飲食中的狀況
### ——可瞭解意外的自己

## 第三章　決定菜單的方法
### ——說明了另一個隱藏的自己

# 第四章　由食物的謎題

## ——來看真正的自己

## 第五章　在飲食中的表現
### ——可以發現另一個自己



## 第六章　從你所選擇的店
### ——就可瞭解你一向所不認的自己

# 第一章　對飲食的好惡

## 告訴了我們一個陌生的自己

本章將藉著你喜歡哪種食物，來診斷你的性格。請別想的太多。直接說出你的「好惡」吧！

## 問題 1

## 混合咖啡？還是美式咖啡？

附近新開了一家咖啡店，賣的咖啡種類雖不多，味道卻很道地。只要三天沒去那家店喝杯咖啡，就渾身難受的你，最喜歡的是下面中的哪一種咖啡？

①美式咖啡。
②混合咖啡。
③法式咖啡。
④新式咖啡。

# 解答1　美國派重量甚於重質

〈解說〉

對咖啡的喜愛，可大分為歐洲派和美國派。美國派是指，喜歡可連喝好幾杯，味道較薄的咖啡之人而言，亦即，屬於重量不重味道的類型。歐洲派，則是指好講道理，愛表現自己個性的人而言。光是喝咖啡這件事情，就能表現出各種人的不同性格。

〈診斷〉

①**選擇美式咖啡的人**……是所謂的重量甚於重質的美國派。比起夢想更重視現實，很會賺錢。與人之間維持的是彈性，且是有打算的關係。日常生活也較偏於形式主義。

②**選擇混合咖非的人**……屬於重視品牌、味道、品質的傳統型人物。乃屬缺乏趣味的英國派。是自我主張很強的人。

③**選擇法式咖啡的人**……可說是屬於歐洲派。雖說是喝咖啡，卻是以牛奶為主體，較個性化，也擅長表現自我。另外，又是個浪漫主義者，追求的是夢想與人的交流。

④**選擇新式咖啡的人**……選擇這種咖啡的人，多為非常藝術化、個性化的人物。對人的好惡很激烈，缺乏協調性。

## 問題 2　你喜歡喝葡萄酒嗎？

假設你和男友一起到法式餐廳吃飯。因此，在豪華的全餐送來之前，必需挑選飯前酒，男朋友說：

「你就選你喜歡的來喝吧。」

現在，你會挑什麼樣的酒呢？

①白葡萄酒
②紅葡萄酒
③羅塞葡萄酒
④香檳

# 解答 2

## 浪漫主義者選的是羅塞葡萄酒

〈解說〉

安排在約會時喝葡萄酒的人，是個非常浪漫的人。其所選擇的用餐地點，也多半是很有氣氛、很有情調的安靜場所。

近來，懂得品飲葡萄酒的人，顯著的增加。

雖然，白葡萄酒適合佐魚喝，紅葡萄酒適合佐肉喝，但大部分的人都沒有注意到此點。白葡萄酒較甜美，紅葡萄酒的味道較酸，羅塞葡萄酒則屬中間。

〈診斷〉

**①選擇白葡萄酒的人**

喜歡喝味甜、順口的白葡萄酒的人，是能與對方相配合的「好夥伴」。

另外，這種人也多屬於強烈追求夢想和理想的類型。不過，需注意的是，不要過份強求，免得白忙一場。

**②選擇紅葡萄酒的人**

酸味較強的紅葡萄酒，較適合佐牛排或燉等的肉類喝。喜歡喝紅葡萄酒的人，多半喜歡吃較油膩的菜肴，所以，此種人多屬於幹勁十足的類型。想到就做、劍及履及的此種人，較不浪漫，乃是現實第一主義者。凡事都較顧及眼前。對金錢的執著心很強。

**③選擇羅塞葡萄酒的人**

淺粉紅色的羅塞葡萄酒，最受女性歡迎。喜歡喝這種酒的人，不論男女，都是浪漫主義者。尤其是女性，乃屬於愛在用蕾絲、花朵裝飾的房間裡，大做戀愛美夢的類型。男性的話，則多屬於一直懷念著舊情人的類型。

**④選擇香檳的人**

法國是香檳的原產地，把碳酸加入白葡萄酒內即成香檳。

選擇香檳的人，屬於不滿足於平凡事物的類型，總是追求豪華、高貴的事物。但，也因此常過份勉強去做某事，而落於失敗。對異性的要求也很高，所以，終身不婚的可能性很高。

## 問題3　滿滿的一碗飯

「滿滿的一碗飯」，是東方人飲食的基本中的基本。

現在，我要問的是個很平常的問題，那就是，你是怎麼吃完這碗飯的？

請在下面的吃法中，選擇其一。

①泡茶吃。
②拌納豆吃。
③拌生雞蛋吃。
④拌烤海苔吃。
⑤配梅干吃。
⑥拌「芝麻海苔」吃。
⑦拌鹹魚卵吃。
⑧配烤鰻魚吃。

# 解答 3

## 基本的味覺能反映性格

〈解說〉

本問題想要知道的是，你會在「主食」，也就是「飯」內，加些什麼來吃，換句話說，此問題是要檢測你的「最基本的味覺」如何。

所列舉的食物，有酸味、苦味、辣味……等，依各人的選擇可反映出此人的性格。

〈診斷〉

**①泡茶吃的人**

用茶泡飯、三兩口就吃完的人，性子很急躁。往往在別人話說到一半時，就魯莽的插嘴。

**②拌納豆吃的人**

黏黏的納豆乃是自我顯示慾的表示。屬於總是意識周遭種種的類型，為獲得周遭人的認可，不惜採取冒險的行動。在行動力方面是很傑出的。

**③拌生雞蛋吃的人**

從前的人認為蛋是精力的來源，所以，男人們競相食用。現在亦然，活力充沛的人，或者是希望活力充沛的人，都喜歡拌生雞蛋吃。

**④拌烤海苔吃的人**

礦物質豐富的烤海苔，被認為是吃了可長壽的食物。選擇這種食物的人，心情安寧，總是抱持從容的態度。甚少與人起紛爭。

**⑤配梅干吃的人**

日本自古以來即視梅干為健康食品。它是鹼性食品的代表，喜歡吃梅干的人，屬於樸實的類型，不會去懷疑他人。性格既單純又乾脆。

**⑥拌「芝麻海苔」吃的人**

省時又省事的「芝麻海苔」，最受孩童喜愛。喜歡吃芝麻海苔的人，頗具幼兒的性情，不喜歡需孜孜不倦去做的事。

屬於責任感較差的類型，不太受他人的信賴。

**⑦拌鹹魚卵吃的人**

選擇鹹魚卵的人，喜歡引人注意，討厭平凡的事物。

此種人冀望自己的能力獲得周遭之人認可的心情很強烈，然，多因急躁以致事與願違。

**⑧配烤鰻魚吃的人**

屬於討厭半途而廢的類型，樹敵頗多，是勁敵愈多愈有堅強戰鬥意志的人。

由於精力充沛，所以較不喜歡做一成不變的事，很不具穩定性。不論是工作或待人關係上，都很成功。

# 問題 4

## 不吃青菜不行喲！

在生菜沙拉上，我們可以淋上各式各樣的調味汁。

這裡有三種調味汁，你喜歡哪一種種類？

呃？你討厭吃生菜沙拉？不行！不行！不吃青菜對身體不好喔！

①法式調味汁
②沙拉醬
③日式調味醬

## 解答 4　喜歡淋醬油的人，頭腦較清晰

〈解說〉

此問題，可讓我們得知你的生活型態。不過，答案並不限此三個。「什麼也不加」、「什麼都加一點」的回答也算數，總之，依你所選的答案，可從中明瞭你對生活型態的慾望……!!

〈診斷〉

**①選擇法式調味汁的人**

喜歡用醋和沙拉攪拌成的法式調味汁的人，具有極佳的音樂感和美術感。不論對哪種工作，都很有適應力，基本上來說，喜歡藝術的氣氛。

**②選擇沙拉醬的人**

這類型的人，生活上常喜歡依賴他人，所以是個麻煩人物。孤單、脆弱的此種人，缺乏靠自己改變生活的積極性。因此，有很強的幼兒性，傾向於向年長的人撒嬌。

**③選擇日式調味汁的人**

喜歡用醬油調成的日式調味汁的人，頭腦清晰，有著極佳的思考和獨創力。但，缺乏決斷力，因此，生活型態傾向於不定的形式。

**④回答全都加一點的人**

此種人很重視自己的生活型態，富有獨創性，不喜歡過份的完美主義。屬於享受富變化生活的類型。

**⑤回答什麼也不加的人**

只用鹽、胡椒調味的人，屬於樂天而不拘小節的類型。凡事都特立獨行，不在乎他人的看法。是把自己和他人分得很清楚，過著獨立的生活型態的人。

## 問題5　儘情喝酒吧！

你搭乘××航空公司的噴射飛機，到國外出差。這家航空公司為迎合乘客，所有的酒都是免費提供。

不過，需注意的是，如果乘客喝得過多而鬧酒，造成了其他乘客不便時，就會被帶至行李艙。

剛坐下商務艙位置的你，便有空中小姐前來問你：

「你要喝什麼酒？」

且，把飛機上備有的酒單拿給你看。

請問，你會選哪種酒呢？

Ⓐ摻水的威士忌。
Ⓑ加冰塊的威士忌。
Ⓒ啤酒。
Ⓓ燒酒。
Ⓔ（有色的）雞尾酒。
Ⓕ蘇打酒。
Ⓖ杜松子酒（雞尾酒的一種）。
Ⓗ日本酒。
Ⓘ不喝。

# 解答 5

## 由對酒的喜愛，可知你的「慾求不滿度」

〈解說〉

一個人喜歡喝哪種酒，可強烈地反映出此人的性格。當然，也有很多人是依當時的氣氛和場合，而選擇各不相同的酒。

因此，依一個人所選的酒，就可知當時此人的心情和慾求不滿度等等。現在，我們就站在後者的觀點，來看看你所選的酒為哪種種類。

〈診斷〉

**Ⓐ選擇摻水威士忌的人**

你強烈的意識到，酒是人際關係的潤滑劑，屬於重視與人交往的類型。在集會、宴會等場合中，非常重視同儕關係，所以，擁有很多的朋友。在工作方面，具有職業意識，很活躍於職場中。

由於你很重視協調性，在工作場合中，很有人望，任誰都對你有好感。

**Ⓑ選擇加冰塊威士忌的人**

喜歡這種酒的人，是真正喜歡喝酒的人，有著非常強烈地「想喝個醉」、「喜歡酒醉狀態」的意識。

此種人總是以實用為本位，性格開朗，不會裝腔作勢，在與人交往上，好惡非常明顯。

**Ⓒ選擇啤酒的人**

此種人頗具社交性，與任何人都談的來，是服務精神旺盛的人。很喜歡去取悅他人，易獲得他人的好感。

平常也許讓人覺得有點冷漠，可是一旦有事，就會顯示出體貼之心，因此，頗讓對方感激。在金錢方面也是蠻樂天的，不會很在乎。

**Ⓓ選擇燒酒的人**

社交廣闊，待人和藹，很有順應力，只要是看得順眼的人，就會打開心扉與之交往，即連自己的秘密也毫不保留的告訴他。

不論是工作或遊樂，都很積極地參與，很有「青春活力」，在工作場上，是個很好的「合作者」，頗受信賴。

以自己的生活方式為一切價值判斷的基準，且期望對方也採取此般的生活方式，勉強可說是此種人的缺點吧。

**Ⓔ選擇（有色的）雞尾酒的人**

喜歡有色雞尾酒的人，很重視氣氛，屬於所謂的擅於玩樂的都會派類型。特別是，喜歡名字奇怪的雞尾酒的人，更屬於易傷感、重過往的類型。而，易受氣氛之左右而迷失了自己，是其缺點。

**Ⓕ選擇蘇打酒的人**

喜歡這種酒的人，自尊心很強，不甘心於平凡的事物，是理想很高的人。其所追求的是，運用自己的專門知識，使生活更豐富、更有趣。也就是，此種人屬於不能忍受平凡且單調的生活之類型。

**Ⓖ選擇杜松子酒的人**

此種人具有追求刺激和冒險的野心，可是一碰到意外，就會勇氣全失，亦即，此種人乃是「好高騖遠」的人。

旅行、與談得來的人聊天，是其所好。此外，由於很有體貼之心，擅於配合對方，所以，很得大家的好感。

**Ⓗ選擇日本酒的人**

屬於好惡明顯，與人交往時易生偏頗的類型。不過，此種人很重視上下的關係，一旦受人照顧，就終生難忘其恩，是個很講義理的人。另外，此種人也有在聽到可憐、可悲的事情時，馬上就寄以同情的一面，受人之託時，也從不拒絕，是個喜歡幫助他人的人。

**Ⓘ不喝酒的人**

並非體質上不能喝，而是不太想喝酒的人，大概是怕「喝醉了會喪失自己的冷靜判斷能力」，或者是「討厭他人酒後吐真言的樣子」，才不喝的吧。換句話說，此種人有潔癖，總頑固的把自己關在殼內，不願聽從他人的意見，也不輕易地表露出自己的真意。

# 問題6　你會吃哪種素材？

有天晚上，課長請你和同事一塊到他家吃晚飯。當時所端出的壽司就如圖所示般。

仔細一看，各種素材的壽司都只有兩個。可是，你們卻有三人，亦即，每個人都無法把各種壽司各吃一個。

你最先會吃哪種素材的壽司呢？

Ⓐ蝦子　Ⓔ海苔卷
Ⓑ鮪魚　Ⓕ炒蛋
Ⓒ鮑魚　Ⓖ鹹魚卵
Ⓓ烏賊

# 解答6　檢查你的「晉昇」機會

〈解說〉

人各有所好，所以，所選擇的也必不相同，但，這兒的重點是「在上司家裡吃飯時」。所以，這與你自己到日本料理店，點喜歡的壽司來吃的情況是不同的。在此，將依你所選擇的素材種類，診斷你的「晉昇機會」……。

〈診斷〉

**Ⓐ蝦子……慾求執著型**

你是為實現自己的慾求，犧牲一切也在所不惜的拚命三郎型。

在日常生活中，總是懷有崇高的理想，討厭平凡的事物。雖然有專門能力，卻不擅搞人際關係，因此，你常和自己意見相左的上司起衝突。

你可說是個不適合主管職位的獨來獨往的人。

**Ⓑ鮪魚……正統常識型**

你屬於行動和判斷都很符合常識的類型。甚少採取冒險、大膽的行動，是消極的保守型，不過，你很重視人際關係，所以很受周遭之人信賴，最適合做個平凡的上班族。當然，你對和上司間的交往也頗有心得，但有時卻會得到上司的「很好打發，卻不是十分好的人」般的評價。

**Ⓒ鮑魚……活力不足型**

對性的期待很強，但常因精力不足，而在性愛方面表現不佳。雖有強烈追求刺激的心情，卻總是半途而廢無法獲得滿足，所以，常常處於焦躁的狀態中。

總之，你常會陷於「低潮」，對於工作的集中力不足。當然得不到上司的好評價了。

**Ⓓ烏賊……現實型**

你不注意外觀或表面的虛榮，言行總是我行我素，想到什麼就去做。對金錢很關心，是極想出頭的人，而，上司也頗賞識你。

**Ⓔ海苔卷……妥協型**

你會隱藏自己的本意，採取與周遭妥協的行動，所以，很難有向上爬的機會。因行動上總喜歡壓抑自己，所以，心中往往易積壓壓力，就算自己很有能力，仍會自我壓抑不敢表現出來，因此，在公司裡，甚難有晉昇的機會。

不過，在上司的眼中，你是個「很老實、很腳踏實地、很聽話」的職員，是難得的好部屬。

**Ⓕ炒蛋……靈感型**

你很容易受情緒的支配。早上起來如果心情不好的話，整天就會很沮喪。但是太過讓情緒支配自己的言行，往往就會失去上司對你的信賴。而且，也易被周遭之人視為陰晴不定，難相處的人。因此，你要注意的是，多有主張一點。

**Ⓖ鹹魚卵……自我顯示型**

你不滿足於平凡的事物，希望獲得周遭之人賞識自己的能力之意識很強烈。討厭平凡，是無可厚非的，但要做到不平凡，就得努力的去磨練自己，若做不到這點，就會變成很討人嫌了。

你對上司，總是直率的表現出對抗意識。你很適合做推銷員等等，即，能直接顯示個人能力的職業，如果是從事需與周遭取得協調的職業，恐怕就會與人紛爭不斷了。

## 問題 7

## 請給我這種的烤蕃薯

晚秋的街角，賣烤蕃薯的人推著車朝你走來，而，喜歡吃烤蕃薯的你，遂叫住他：「老闆，請給我一個烤蕃薯。」

「好，我有各種形狀的烤蕃薯，你喜歡哪種形狀的呢？」

「唔！我想想看。」

請你把你想要吃的烤蕃薯之形狀，畫圖給賣烤蕃薯的人看。

圖　解

## 解答 7

## 從烤蕃薯的形狀得知你的「體貼」

〈解說〉

買烤蕃薯時，你會不會覺得有點不好意思？其實大可不必如此，因為，烤蕃薯是維他命和纖維都很豐富的食品，它尤其最適合於女性的美容食品。香噴噴、熱騰騰的烤蕃薯，可以讓你吃的身心都溫暖起來。看起來並不起眼的烤蕃薯，卻是對健康價值頗高的食品。

現在，讓我們從你所畫的烤蕃薯形狀，做如下的性格判斷。

〈診斷〉

**①畫出細長形烤蕃薯的人**

屬於美感極佳，擅於打扮的類型，由於較沈默寡言，易讓他人誤解為「冷漠之人」。但，事實上，絕不是冷漠之人，只因氣質優雅，表現

於外的言行，就易讓人有高不可攀的感覺。

### ②畫出葫蘆型等變形的烤蕃薯之人

很有獨創性。是個喜歡與衆不同、標新立異的人，然，情緒起伏很大，有時焦躁浮動，有時卻溫和體貼。表現於外的言行與心理所想的，往往不一致。

### ③畫出水滴型烤蕃薯的人

你最大的障礙，就是怕寂寞。一旦沒與他人在一起，就會難受莫名。而，你常因體貼他人，為他人操心，所以，甚博大家的好感。雖然不會說「不」的性格讓你損失不少，但，看到他人在意你的眼光，你就不以為意了。

### ④畫出矮胖型的烤蕃薯之人

開朗易與人親近的你，甚受周遭之人的歡迎。很多朋友會向你傾吐心底話，這也是你受到他人信賴的證據。因此，你應儘量多關心朋友。在實際生活上，你是個以實質為本位的合理主義者。

# 問題 8　好喜歡栗子喲！

這裡有五種類的栗子、或用栗子為材料做成的點心。你最喜歡的是哪一種，請選擇其一。

①炒栗子。
②甘栗。
③栗子餡的糯米糕。
④蜜餞栗子。
⑤栗子羊羹。

①

④

②

⑤

③

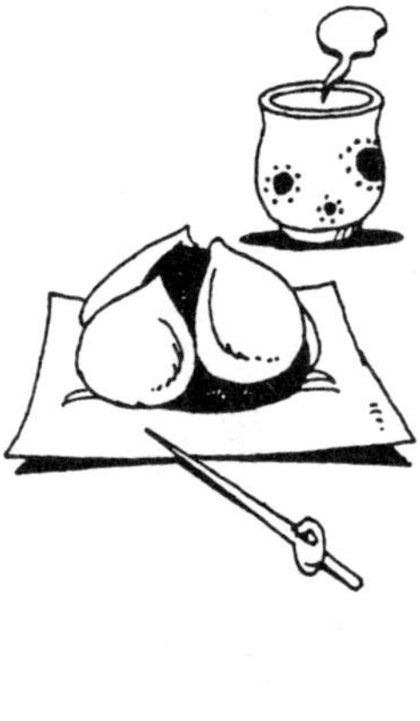

# 解答 8　檢查你的「好談話程度」

〈解說〉

經過各種加工方法而成的栗子加工品，其口感與你對味道的好惡和舌周圍的狀況有密切的關係。

〈診斷〉

**①選擇炒栗子的人**

在他人面前，並不很喜歡說話。雖腦子裡有各式各樣的想法，且覺得非說出不可，但，總是半途而廢，無法清楚地表示出自己的想法。尤其是在很多人面前，總有說不得之苦。

**②選擇甘栗的人**

在他人面前叫此種人不說話，簡直要他的命。不論對方是誰，都能與之融洽的談話，是個十足的社交家。總之，此種人叫他閉嘴不說話，還不如叫他死哩。

**③選擇栗子餡的糯米糕之人**

屬於怕寂寞喜歡熱鬧的類型。只是，比起跟人談話，更喜歡聽他人說話。因此，不能視為愛說話的人。

**④選擇蜜餞栗子的人**

談話內容很有格調，也是擅用無傷大雅的笑話，製造氣氛的人，總之，此種人話題很豐富。可是，不會直截了當的說出心裡所想的事。

**⑤選擇栗子羊羹的人**

雖喜歡聊天講話，可是，在異性面前就沒輒了。如果跟同性朋友聊天，就顯得既輕鬆又自在，一點也不覺有壓力。

# 「吃」與心的奇妙關係①

■要求夫妻圓滿的話，請吃起士蛋糕

各位應知道，鈣質具有保持精神狀態穩定的效果吧！由動物的實驗結果得知，鈣質不足時，易焦躁、易動怒。

據日本厚生省（衛生署）的調查顯示，目前的飲食生活足以攝取一般營養素的必要量，但，唯獨鈣質的攝取不足。

現在的日本人已鮮少吃小魚，或魚干煮的湯了。所幸，乳製品內含有很豐富的鈣質。因此，多喝牛奶，多吃起士、乳果，就可以消除焦躁，如此，夫妻圓滿一事也應該不再是夢想了。

■用菜肴改變你的印象的作戰法

以自己的能力來改變印象的做法，乃是美國年輕知識份子的常識。在餐廳中的飲食，也不例外。

「活力食物」與精力充沛且能夠信賴的男性形象，頗有關係。所謂的「活力食物」是指：小牛的肝，燉牛肉、烤小鳥、菠菜沙拉、番茄洋蔥沙拉、純波本酒、純威士忌酒，或加冰塊的波本酒、威士忌酒、伏特加酒、魚子醬等而言。

相反的，與差勁男性印象有關的「不清爽食物」有：鮮蝦雞尾酒、排骨肉、義大利麵、使用果凍的沙拉，以及蘋果派等等。

## ■你具有「隱藏的味道」嗎？

年假結束，開工的那天，一大群的男女同事都起哄，要煮「紅豆年糕湯」來吃。這時候，負責煮的女同事備受周圍男性矚目，因為，她煮的特別好吃。為什麼呢？這兒有個訣竅。

原來，她在「紅豆年糕湯」裡，加了一小撮的鹽。單是這一小撮的鹽，就更突顯了砂糖的甜味。實在是神奇得很。

這位女性只是披露了生活上的小智慧，卻使得大家對她有高的評價。不僅是在烹飪方面，女性的魅力亦然，若有一種與表現於外的味道，呈相對照的「隱藏味道」的話，就更能突顯魅力了。

**■烹飪可以消除精神緊張嗎？**

每天需在廚房忙進忙出的家庭主婦，咸認為烹飪是個義務的工作，但，就這點來看，烹飪對男性來說，卻是種遊戲，是種消遣。例如，作家折口信夫，就常藉烹飪來消除緊張，因而練成一手的好手藝。

這個有趣的人，在心情不好睡不著的時候，會突然在半夜興起煮紅豆湯的念頭。於是，睡眼惺忪的徒弟們，便四處找材料。七手八腳的把紅豆放入鍋內……，等紅豆湯煮好了，天也亮了。

# 第二章　從飲食中的狀況

## 可瞭解意外的自己

# 性格測驗⑧　由「吃」認識自己

本章，將由你如何對應飲食中的意外狀況，來診斷你的性格。

現在，在此種情況下，如果是你，會如何呢？

## 問題 1

# 你若喝了過期一個禮拜的牛奶，會怎麼辦？

你從冰箱裡拿出一盒牛奶喝，喝到一半時，瞄到有效日期。哇！天啊！這盒牛奶已經過期一個禮拜了。這時，你會怎麼做？

①馬上停止飲用，且把它丟掉。
②不再喝！且把它吐出來。
③無所謂，繼續喝下去。
④趕快找醫生。

# 解答 1　檢查你「成熟度」

〈解說〉

此問題是要知道，當發生危險時，你會如何處置？也就是所謂的「危機管理能力」。在事出突然的場合中，往往會表現出一個人的性格，例如：會顧慮到他人嗎？會做理性的對應嗎？或者，馬上就感覺到壓力等等，總之，在事出突然的場合中，可看出你的「成熟度」。

〈診斷〉

**①馬上停止飲用，且把它丟掉的人**

不僅停止飲用，且把牛奶丟掉的人，是顧慮到他人可能會喝掉此牛奶的人，屬於「成熟度」很高的類型。在面臨危險時，是個會隨時意識周遭，慎重行動的人。

這類型的人，在發現公廁裡沒有衛生紙時，會通知管理員予以補上。

**②不再喝，且把它吐出來的人**

與①的人不同，首先想到的是自己的人，會處理好自己本身後再去對付突發的事情。亦即，此種人對危機的反應，是很直接且單純的，「成熟度」算是普通。屬於不會想得太多的類型。

**③無所謂，繼續喝下去的人**

這種人易被視為大而化之，其實，他們是蠻理性的。因為，最近的牛奶多半能被長期保存。現在的年輕人很多是屬於這一類型的。也就是所謂的「今型」。

**④趕快去看醫生的人**

這當然是非常神經質的人。屬於易感到精神壓力的類型。這種類型的人，在面臨危機時，也最容易受到壓力。而，趕快去找醫生的行為，更足以證明他們是易「防衛過度」的人。

# 問題 2　想吃咖哩飯！

中午，走在街上的你，突然湧上想吃咖哩飯的念頭。而，就在前方不遠處，有一家餐廳。

但是，這家餐廳未必有賣咖哩飯。而，你已經餓的咕嚕咕嚕叫了，這個時候，你會怎麼做？

①走進餐廳，叫份咖哩飯，如果沒有就吃別的。
②先看看展示櫥裡有沒有咖哩飯，確定有後才進去。
③在門口問服務生：「你們有沒有咖哩飯？」
④看看店內有沒有正在吃咖哩飯的客人。

GŪGŪ
GŪGŪ

# 解答2　檢查你的「慎重度」

〈解說〉

這是檢查你的「慎重度」之實驗。愈是執著於自己想吃咖哩飯心情的人，愈是會慎重，如果，不是很執著的人，有否吃到咖哩飯，就會變得「無所謂」了。換句話說，此測驗是個檢測你對自己的慾望和價值觀，有何種程度的執著之測驗。而，有錢的人，多半是執著很深的人。

〈診斷〉

**①沒有咖哩飯就叫別的東西吃的人**

對任何事都不會很執著，屬於大而化之的類型。但是，有時過於大而化之，而給人一種「很隨便」的印象。

**②先確定有咖哩飯才進去的人**

屬於一本正經，極端慎重的類型，凡事都講求一板一眼，力求完美的人。而且，具有希望周遭的人都像他一樣的頑固一面。

**③問過服務生才進去的人**

此種人很具柔軟性，該讓的時候就會讓，該有所主張時，就會堅持主張，屬於能屈能伸的類型。

**④先看看店內情形的人**

一言以蔽之，你是個膽怯型的人物。雖然夠慎重，但缺乏行動力，隨時都戰戰兢兢的。即，你雖對自己的心情和慾望很執著，卻無法把它表現於外。

# 問題 3　疏忽的服務生

你獨自駕著車，途中到位於郊外的一間家庭式的餐廳用膳。但是，你已經等了二十分鐘以上，所點的A餐還未送來。

當你等的實在不耐煩時，突然看到比你晚到的隔桌客人，已經開始吃他的A餐了。

這個時候，你會怎樣呢？

①不吃了，生氣的走出店。
②向服務生或店裡的人抗議一番後，走出店。
③向隔桌的客人說：「喂！是我先叫的耶。」
④大聲的叫來服務生，向他抗議。

⑤叫負責人來。
⑥自己站起來，走向服務生，向他抗議。
⑦口中唸唸有辭，仍耐心的等下去。
⑧決定在服務生送餐來時，向他抗議。
⑨什麼也沒說，只在心中暗暗發誓「再也不來這家店了」。
⑩嘆著氣說：「算了，反正終究會送來的嘛！」
⑪很後悔自己沒留意服務生的行動。

# 解答 3　檢查你的「緊張度」

〈解說〉

當心裡有小小的壓力時，你是屬於哪種對應的類型呢。本問題就是說這一面，來檢測你的緊張度。

人處於緊張狀況時的反應，可細分為很多類，不過，本測驗則把這些反應大致歸類為三種。

第一是，會對產生壓力的外界本身，施以強烈反擊的「外罰型」。①、②、③、④、⑤、⑥等，皆是有此強烈傾向行動。

第二是，把加在自己身上的壓力，用「算了！這是常有的事。何必大驚小怪呢？」般的方式來自我解嘲，且把壓力甩開的「無罰型」。回答⑩的人乃是最典型的無罰型類型。

第三是「內罰型」。亦即，將所有的壓力都攬到自己身上的類型。回答⑪的人即屬之。

另外，無法在結果上採取積極行動的⑦、⑧、⑨等的回答，也有與之相近的一面。像這種邊瞪著服務生，邊懊惱自己不能清楚地表示自己不滿的類型，應是最常見的吧。

**〈診斷〉**

**▼選擇①～⑥中任何一個的人**，就像解說所寫的，屬於外罰型。此種人不會將壓力往自身攬，而會向外發洩，基本上，是對壓力呈強烈反應的類型。只是，我們的社會，似乎較不允許，將壓力向外反彈的狀況發生。

例如：當處於「怎麼想都是自己不對」的情況時，這種人總會「找出一些理由來搪塞過去」，也就是，此種人易陷於不負責任的一面。

又，當不可能將壓力向外發洩時，此種人很可能會不堪壓力的打擊，而在精神上顯示毛病來。

**▼⑦、⑧、⑨、⑪等的內罰型**，是會把所有壓力往自己身上攬的類型。

但，就另一個角度來看，此種人由於平日就承受不斷的精神壓力，所以，久而久之，就可能對精神壓力有較強的耐久力。

▼⑩**無罰型**，屬於能從多方面來看事物的類型。也就是，此種人不會一味地把自己的不愉快上鑽牛角尖，他們會站在對方的立場來想，「如果我是服務生，可能也會忙中出錯，搞出這樣的局面」，因而體諒了對方。所以，此種人雖感受到精神壓力，但很快就能從中跳脫出來。

# 問題4　如果自己想點的東西，被人捷足先登的話

你和同性友人一塊去喝咖啡。當你正想要點「美式咖啡」時，

「美式咖啡。」

朋友已經先點了。這時，跟在他後頭的你會怎麼說？

①「同樣的咖啡就好了。」
②「我也要……」
③「美式咖啡。」
④「法式咖啡」（另再叫別的一種）
⑤「兩杯……」

## 解答 4

# 另叫別的東西的人，是「想引人注目的人」

〈解說〉

點的東西和他人一樣的時候，因人而有各種不同的表達方式，也有依當時的心情而改點別樣的情形。例如：當場把朋友聯想為「勁敵」的人，或基本上就喜歡引人注目的人，就會像④般，改點別樣的東西。

〈診斷〉

①回答「同樣的咖啡」的人

朋友雖先點了，卻毫不以為意地說「同樣的咖啡」的人，基本上有很好的人際關係，凡事多半是採取與人協調的態度。不過，在不注意之中，很可能變成唯唯諾諾，缺乏主體性的人。

**②回答「我也要……」的人**

回答「我也要……」的人，多屬於客氣的類型。很注意他人的言行。

**③特別再說一次「美式咖啡」的人**

點的東西雖與朋友已經點的是同樣的，卻仍執意再說一次的人，下意識中表現了不想與他人一樣的想法，往好的方面說，這種人的自我意識很強，具有很明確的「別人是別人，自己是自己」的觀念。往壞的方面說，這種人太過固執。

**④另再叫別種咖啡的人**

朋友搶先點了想要點的東西，就另外再叫別種咖啡的人，具有與他人競爭的強烈心情，凡事都不喜歡和他人一樣。鬥爭心很強，喜歡與衆不同。說的不好聽一點，此種人是凡事都會持反對意見，彆扭至極的人。

**⑤回答「兩杯」的人**

回答「兩杯」，延續朋友的話的人，多半認為自己比朋友更有主動權。即，為了表示是以自己的話為主，才會如是說。在學校或工作場合中，多半是領導人物，喜歡站在他人之上，有種驕傲自滿的傾向。

## 問題 5　排隊成行的麵店

這裡是M市K站前的商店街——

中午休息時，飢腸轆轆的你，想到雜誌上推介的，「很多人遠從他地到此一吃」的拉麵店吃吃看。

可是，到了那兒，只見店前排隊等著吃的人，多的數不清。

這時，你突然發現，它的隔壁也是家拉麵店，而且，店內只有兩、三個客人，只要進去馬上就有座位坐。

現在，你會怎麼做？

①既來之則安之，也跟著人家一起排隊。

②到門可羅雀的那家吃。

③哪一家也不吃，另找別家。

# 解答 5

## 跟著人家排隊的人是「公司型的人」

〈解說〉

據說，日本人非常喜歡排隊。

當然，在物質貧乏的時代裡，不排隊就無法買到生活必需品，可是，現在則不必排隊，就可買到任何需要的東西了。即便如此，在街上仍處處可見「排隊」的景象。

例如：常被引為話題的TV遊樂器軟體的發售日，在前二天的晚上，就可看到孩子們在專賣店前，徹夜排隊等待。

遊樂器軟體並不是生活必需品，只要在發售後等上一個月，就可輕鬆買到，這一點孩子們也很清楚。可是，大家仍是去排隊等待，何以故呢？因為，「特地徹夜排隊，在發售的第一天就買到手」的滿足感，比玩遊樂器本身的滿足感高的多。

「知名度高的麵店」的情形亦然。例如：吃過的人心底可能會想，「這也不是多好吃的東西」，但是，因為有著一種「這是我等了好久才吃到的拉麵」的心情，就會格外的認為「這麵實在很好吃」……，出乎意料之外的，這一類的現象乃是常有的事。

〈診斷〉

①**跟著人家排隊的人**……是富於協調性，擅長與人交往的公司型人物，易受周遭所建立的價值觀之影響，常常會不自覺的跟著人家的腳步走。

②**到門可羅雀的那家吃的人**……是認為「吃午餐嘛，到那家吃還都不是一樣」的人，個性很乾脆、開朗。不過，這也表現出此種人頗急躁的。

③**哪一家也不吃的人**……是認為「雖討厭排隊，可是隔壁間的客人寥寥無幾，可見一定不好吃。乾脆另找別家」的人，屬於不人云亦云，有自己價值觀的類型。

# 問題 6　不能喝酒的女性就不受歡迎嗎？

E小姐一直想當個幹練的女性主管。她希望能和男性一樣，獲得晉昇，能在工作上獨當一面……。

有一天，她為和某廣告公司的老闆？商討一些業務上的事宜，便招待他去喝酒。在席間，如果商談順利的話，她就有昇職的機會，而，這個可以發揮其實力的職務，一直是她所冀求的。

但是，E小姐幾乎無法喝酒。因為，她每次一喝酒，不是臉紅的像關公，就是青著臉直上廁所，有時更會暈倒過去，總之，只要她喝了酒，根本就無法進行商談了。

現在，如果你是E小姐，你會怎麼做？

①裝著在喝，再偷偷把酒倒掉。

②勉強地喝。
③儘量為對方服務。
④直說不能喝酒。

# 解答 6

## 「裝著在喝」是晉昇的重點

〈解說〉

單是喝、或不喝一杯酒，就會產生出天淵之別的結果。如果不喝，可能會惹廣告公司老闆不悅，以致商談泡湯。

既然如此，根據如何對應此種場面的態度，不僅是女性，男性亦然，就可知其出人頭地的程度了。亦即，能否配合他人的要求，乃是能否出人頭地的重點所在。

〈診斷〉

**①裝著在喝，再偷偷把酒倒掉的人**

外國的女強人，常會藉著很會喝酒的樣子，來使氣氛熱絡起來。換句話說，如果打定主意要當個女強人的話，不論東西方，都要裝出很會喝酒的樣子。而，這也可以說是出人頭地的一個很重要的素質。

**②勉強喝的人**

這樣做當然可增進人際關係，不會遭人討厭，但是，如此竭盡地取悅對方，是蠻划不來的。且，你也沒有去欺騙人的能耐。所以，也沒有很大的出人頭地的機會。

**③儘量服務對方的人**

一看就知，此種人對工作很忠心耿耿，然而，實際上卻無法得到很好的評價，當然也就難以出人頭地了。其實，你根本不必勉強自己去做不願意做的事，因為，這樣終究會使你醜態畢露，且也無法表現出你的能力。

**④直說不能喝酒的人**

你是頗老實的……，可是，如此一來，必破壞了當時的氣氛。那麼，出人頭地對你來說，將像夢一樣，遙不可及了。

# 問題 7　想使用牙籤時……

吃飯時，食物塞在牙縫之間難受莫名，應是牙齒有毛病的人，都有過的經驗吧。

這天，你的牙縫間又塞滿了食物，飯桌上雖備有「牙籤盒」，可是你隔壁桌都坐有客人，不自覺地你看了看周圍。

這時，你會怎麼做？

①先拿一根牙籤在手上，稍後再用。
②不管他人是不是在看，當場就用它。
③用手遮住嘴來用它。
④不用牙籤，只用舌尖來舔。

## 解答7　檢查你的「成熟度」

〈解說〉

在他人面前使用牙籤，恐怕是日本人才有的特徵。在外國飛機上用餐時，是很少備有牙籤的。無論如何，外國人認為，在人前使用牙籤是極不禮貌的行為。

你是「若無其事」般的在他人面前使用牙籤，還是很小心的不讓他人看見？藉由此問題就可知道你的「成熟度」如何了。

〈診斷〉

**①回答稍後再使用的人**

「成熟度」可說相當的高。很瞭解西方禮儀，在人面前絕不會表現出此「不雅的嗜好」。

**②回答當場使用的人**

此為讓他人看到自己的內褲也無所謂的——典型的日本人類型。有著很強的幼兒性。也可以算是能貫徹自己想法的類型。

**③回答用手遮住嘴巴來使用的人**

以女性居多。很小心，深怕人看到。「成熟度」僅次於①。

**④回答用舌尖舔的人**

凡事都順其自然的單純型。乍看之下，是很乾脆的人，實則是很囉嗦、很麻煩的類型。

# 問題8　啊！蛋糕打翻了……

某天下午，你到咖啡店，點了一杯檸檬茶和一塊蛋糕。

你邊喝著茶邊看著十八世紀法國的著名戀愛小說。沈醉在女主角的激情表現法中的你，竟然不小心把放在碟中，一口都還沒有吃的蛋糕，打翻在桌上。

這時，你會怎麼做？

①撿起來吃。
②算了！不吃了。
③再叫一客。

# 解答 8

## 打翻的蛋糕，意味著什麼呢？

〈解說〉

這個時候，蛋糕意味著，在你心底深處的柔情蜜意和對戀愛的感覺。因此，對打翻的蛋糕所顯出的執著心，即表示此人對戀愛（對異性）的執著心。對蛋糕的執著心愈強，表示對戀愛愈執著。

〈診斷〉

**①回答撿起來吃的人**

對眼前蛋糕的執著心很強。也就是，一直眷戀著過往的戀情，而沒有嚐試新的戀情。之所以沒再有新的戀情，是因為自己放棄了機會。

**②回答算了，不吃的人**

與①的人正好相反，對蛋糕並不執著，亦即，此種人對已逝去的戀情，能很乾脆地放棄。因此，絕不會放過嚐試新戀情的機會。

**③回答再叫一客的人**

比起①的人，執著心更是強固。此種人會把初戀的對象，永遠放在心底深處，永難忘懷。

這種人，又或者是對所喜歡的異性，會拚命追求的激情型。

# 「吃」與心的奇妙關係②

## ■酒保看客人

酒吧這種地方，乃是讓人獨自靜靜地與酒對談的場所。當然就不適合一大群人去那兒熱鬧一番了。因此，在酒保眼中，就有受歡迎和不受歡迎的客人之分。

美國的「酒保」雜誌，曾做過有關酒保所討厭的客人之特輯。根據此特輯所指，酒保所討厭的客人是：醫生、律師、銀行人員。

理由是，嗇於付小費。不管在哪個國家都是如此，「愈是有錢人愈是吝嗇」。而，日本酒保眼中最討厭的客人，則是喋喋不休的人。最喜歡的客人，是泰然自若的人。

你是哪種人呢？

**■從你點雞尾酒的方法，就能知道你是不是精於喝酒的男性？**

同樣是點雞尾酒，精通此道的人，會讓酒保刮目相看，讓同席的女伴佩服不已。

例如，你點的若是以萊姆汁來調配的Gimlet雞尾酒，酒保就會問你是不是加原味的萊姆汁，如果不要原味的，就要附註是要「辣的」。因為，萊姆汁稍微有點甜味。

如果你點的是Margariter雞尾酒的話，就必需說，「鹽少放一點」。如果點的是Cocahight雞尾酒，還不如就直接點「波本酒」。並非加添了高價酒的雞尾酒才好喝。事實上，以汽水調成的Highball雞尾酒，就是既便宜又好喝的酒。各種雞尾酒有各種的喝法，就看你懂不懂得其中的竅門了。

**■從喝酒看國情**

不論東西方，喝酒的人常有一家接著一家喝的習性。英國人稱此種習性為「Pub Crawling」，也就是，「從一家酒吧爬到另一家」的意思。

在美國，則稱此種習性為「Bar happing」。英國人認為是用爬的，美國人則認為是一家跳過一家，由此可見，兩國國情的不同。

在日本則稱之為「梯子酒」，當一家喝過一家，酒興上昇到頂點時，就會醉的像一下子從梯子跌落下來般，這實在形容得蠻奇妙的。不過，最重要的是，喝醉時千萬不要和人吵架或打架。

**■可怕的減肥至死**

數年前死去的美國歌手，卡蓮•卡本特，是因得了「厭食症」而喪命的。此種醫學上稱為「神經性的厭食症」（Amorexia nervosa）的疾病，多見於青春期的女性，是一種心病。

由於過度節食，或害怕長大，而變得不想吃任何東西，或者更嚴重地，只要嘴裡一放進東西，就會吐出來。

「想要瘦」是引起這種疾病的主因。其實，不見得瘦才美呀。而，一味地「想要瘦」的人，可得多加注意了。

# 第三章　決定菜單的方法

## 說明了另一個隱藏的自己

本章是根據你所選擇的是哪種食物，來診斷你的性格。在這樣的情況或那樣的情況之下，你會選擇哪一樣呢？

## 問題 1

## 「你喜歡吃哪種做法的蛋？」

你到旅館附設的西餐廳吃早餐，女侍問你：

「你的蛋要怎麼個做法？」

你可以選擇香腸、培根、火腿與之搭配。

你會選擇哪種搭配？

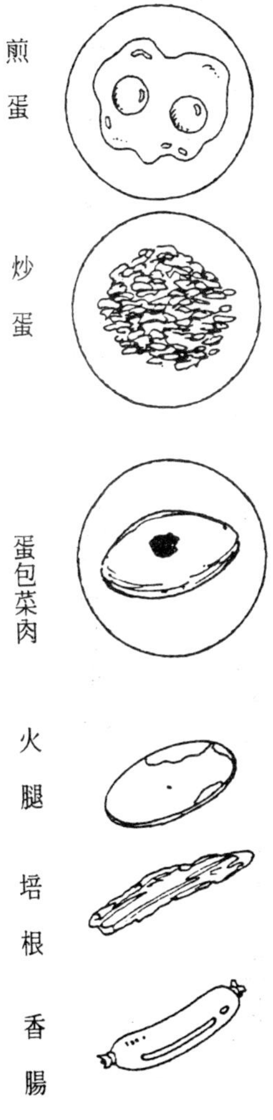

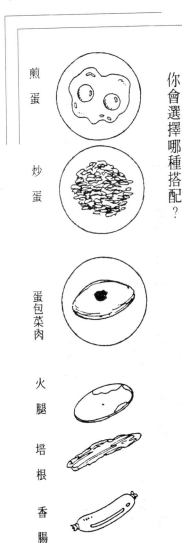

# 解答1　重點在於你是否能馬上決定

〈解說〉

你所選擇的搭配，可反映出你的性格。當然，蛋的做法並不只限於這幾種，因此，這裡並非依據你所選擇的搭配來判斷，而是依據你決定此搭配所花的「時間」來判斷。

也許你會認為，問題所要問的是：「你的蛋要怎麼個做法？」而，如今卻是以時間來判斷，豈不是與問題相左了嗎？對不起，我們認為，只要單憑你所花的時間，就足以做為判斷你的主觀性標準。故，從你所花的時間，就可以加以診斷了。

〈診斷〉

**①馬上就決定的人**

你是會朝著目標勇猛前進的人，可是，卻沒有太大的意欲，向新的領域挑戰。所以，你只是保守的過著已確立的生活型態。又，你也是個頗敏捷俊拔的人。

**②稍微遲疑一下的人（十秒鐘程度）**

此為最平常的類型。你是易適應新環境、隨機應變的人。不會太過於堅持自己的主張，對於自己內心的感受和能力都相當有自信。

**③相當遲疑的人（十秒鐘以上）**

你很優柔寡斷，對自己很沒有信心。你很服從權威，但也有自吹自擂的一面。

## 問題2　初出茅蘆的記者，所選的蛋糕

某雜誌社派了三名人員——攝影記者、編輯，和初出茅蘆的年輕記者——到某名女作家的家裡訪問。

「各位打老遠的到我這，真是辛苦了。我準備了些茶水和蛋糕招待各位。這些蛋糕可是我親手做的哦。請別客氣。」

女作家說完，便將三塊蛋糕放在桌上。這三塊蛋糕的大小和形狀都不一樣。如果你是這位「初出茅蘆的年輕記者」，你會拿哪一塊蛋糕放到自己的盤子裡呢？

Ⓐ最大的那塊蛋糕。
Ⓑ最小的那塊蛋糕。
Ⓒ外形最完整的蛋糕。
Ⓓ等大家都拿了後，再拿剩下的那塊蛋糕。

# 第三章　決定菜單的方法

# 解答 2　檢測你的「客氣度」

〈解說〉

本問題的前提是，你是個「初出茅蘆的年輕記者」，跟你一起去的兩人是你的「上司」。雖然，女作家說：「請別客氣」，可是，對你來說，卻必需對同行的兩人表現出客氣的態度。

東方人是個很意識到此一層「客氣」的民族，此種客氣意識，具有潤滑人際關係的作用，可是，另一方面，也有扼殺個人的意見和能力的作用。你的客氣究竟有多少呢？

〈診斷〉

**Ⓐ拿最大塊蛋糕的人**

當然，你的客氣度是非常低的，你是屬於坦直表現出自己的願望之類型。犧牲自己，奉獻他人，對你來說，是很難辦到的，總之，你是個自我主義很強的人。不過，換個角度來說，你是個會對自己的事情全力以赴的人。

**Ⓑ拿最小塊蛋糕的人**

你的客氣度非常的高。你有著很強的扼殺自己去維持周遭人際關係的意識。不過，這樣做也未必是真正的「奉獻他人的精神」，因為，你最終的目的，還是為自己在打算。

**Ⓒ拿外形最完整的蛋糕的人**

這是極常見的類型。你既能顧及與周遭的人際關係，也能顧及自己的主張。且，也是個十分具有「為他人奉獻」精神的人。

**Ⓓ拿剩下的蛋糕的人**

乍見之下，你是極度客氣的人，但，或許你不是「真正的客氣」，而是不好意思去拿……。在需要犧牲自己服務他人的時候，你也會「客氣」的縮在後頭，就拿街角的勸募活動來說，你也會「客氣」的不去一馬當先。你也稍有一點，想依據他人的判斷來得到好處的打算。

# 問題 3

## 四個玻璃杯

視喝酒為最大苦差事的K小姐，前去參加友人的婚禮。於是，在婚禮上，他往放有果汁的桌子走去，這時，桌上放有四個玻璃杯。

K小姐一時不知該拿哪一杯。因為，每個杯子裡的果汁量都不一樣。如果是你，你會選擇哪一杯，各杯中的果汁量如下。

①半杯。
②滿滿的一杯。
③空杯子（可自行倒入果汁）。
④七分滿。

④
③
②
①

# 解答 3

## 果汁的量乃金錢感覺的表示

〈解說〉

聽說，從前有個放高利貸的人，在借錢給他人之前，都會先拿大小兩種點心，請借錢的人吃，然後觀察其會吃哪塊點心。取小塊點心的人，他就借錢給他，至於，一伸手就拿大塊的人，則絕不會借給他。因為，他認為，出手就拿大塊點心的人，對金錢的慾望比他人強一倍，是有錢就會把它花光光的浪費型的人物。

四個玻璃杯裡的果汁，也相當於這種情形。根據此人所選的果汁量，就可知其對金錢的感覺了。

〈診斷〉

**選①杯子的人**

對金錢相當小心，也是凡事都很慎重的人。雖然對金錢的慾望不會很強，但對金錢卻是小心翼翼的。

**選②杯子的人**

對金錢的執著很強烈，有著極高的金錢慾，是希望金錢隨時都滿滿的人。「守財奴」就是指這類型的人而言。

**選③杯子的人**

雖有著很高的金錢慾望，然自己卻不太清楚其內容。此種人的心情很浮動，有時會受當時的心情所左右，而使得價值觀大大的搖擺。

**選④杯子的人**

在金錢方面是最安全的類型。慾望雖很強，卻不會明顯的表示出。很有自制心，不會做危險的賭博。是相當小心的堅實派。

## 問題 4

# 自助式的燒烤店

下班後，你和同事一塊到新開張的，風格很獨特的燒烤店。這家燒烤店是採自助式的經營方式，也就是，客人可自己挑選葱和肉，把它們連成串後自行燒烤。

如果是你，你會串成哪種組合呢？

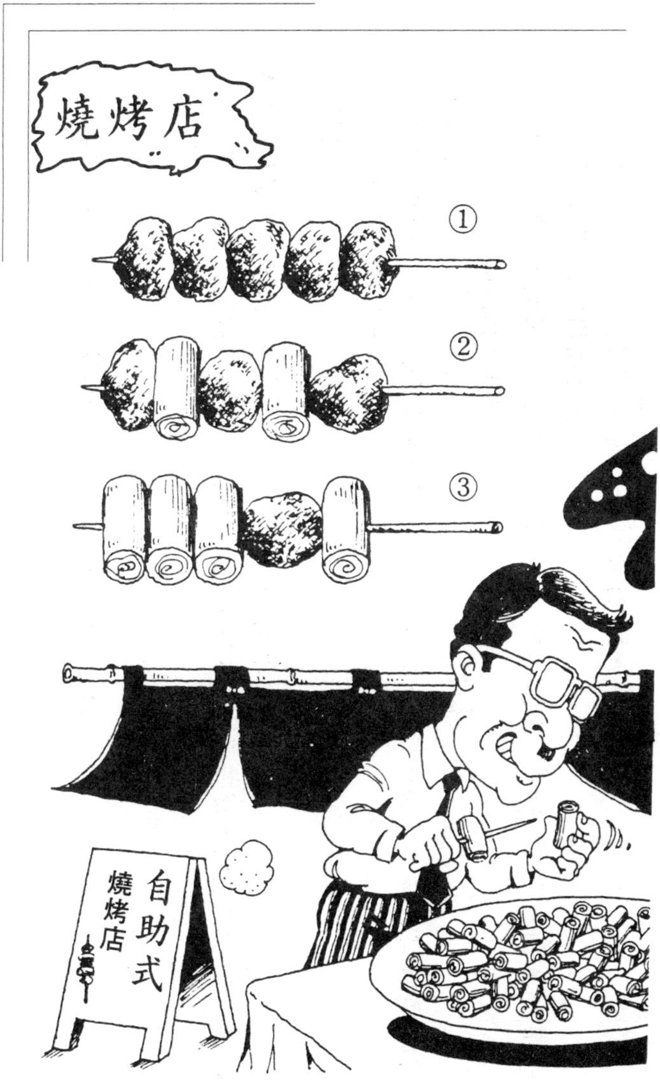
燒烤店
①
②
③
燒烤店
自助式

# 解答4　從燒烤串看出你的平衡感

〈解說〉

要把顏色不同的葱和肉串在一起時，你是否注意到顏色有否呈對比的排列？對需要過著有平衡感的社會生活的我們而言，這是很重要的事。

〈診斷〉

**①全部都只串肉的人**

平衡感很不好，是只會埋頭工作而忽略家庭的人。對工作，不是過於樂觀就是過於悲觀，是很不安定的人。

**②串入一個葱或兩個葱的人**

不管碰到什麼事情，都會常保適度的均衡感，性格很協調。是平衡感極正當的人。

**③串入三個以上的葱的人**

和①一樣，都是較缺乏平衡感，少有變化的人。

# 問題 5 湯的下一道是什麽？

今天的晚餐是在三星級飯店吃法國菜。在你的眼前，擺了一堆看起來非常美味的菜肴。

你簡直不知要從哪裡吃起？不管了，你決定先從喝湯開始？

現在，接下來該吃哪一道呢？

①麵包
②肉
③沙拉
④酒

# 解答5　取食的順序是慾望的象徵

＜解說＞

姑且不論餐桌禮儀，一個人的取食順序，乃是其內心裡的慾求和願望的象徵。不論是肉、麵包、酒等，在下意識之中都會表現出你的慾望。在不顧及餐桌禮儀，依自己想吃的順序來選擇的情形下，我們可做如下的分析。

＜診斷＞

**①先吃麵包的人**

選擇麵包的人，不會直接地表現出自己的慾望，是會依一般常識來設想的人。女性的話，多半是在嚴格的環境中長成，很有家庭觀念。

**②先吃肉的人**

行動乾脆俐落，不會遲疑的人。所想的都不會違背現實，是很積極，充滿活力，男性度很高的人，會直接的表達出心中所想的事。

**③先吃沙拉的人**

一開始就吃沙拉的人，是心中有很多未獲得滿足的慾望的人。不過，不管再如何不滿足，也不會直截了當的表現出其願望，是很慎重、很小心的人。而，一旦時機來臨，就會以一種很討人喜歡的方式來表達。

**④先喝酒的人**

如果你是女性，表示你有著很大的慾求不滿。這類型的人很討厭被限制在框框內，追求的是變化、刺激和冒險。可是，一旦遇到困難，就會變得很歇斯底里。

## 問題6　收拾好了再看？還是看好了再收拾？

有對新婚不久的夫妻，愉快的邊吃飯邊聊著天，氣氛相當融洽，飯後，已近兩人所喜歡的電視節目之時間，結果，兩人間霎時變得火爆味十足……。起因是：要先收拾好再看，還是看後再收拾？

丈夫說：「趕緊收拾，收好再看。」

妻子說：「看完電視再收拾。」

請問你是站在哪一方？

## 解答 6

# 稍後再做的類型會借錢買東西

〈解說〉

想要買某種東西的時候，一個人會採取怎樣的行為，可表現出此人的性格，例如：有的人在想要買某種東西時，會忍耐的等存夠錢時再買，有的人則是情願借錢，非要馬上買下不可。以什麼樣方式來處理，誰都有的所有慾，是在於性格，而不是有否自制心。

〈診斷〉

**①站在丈夫這邊的人**

屬於孜孜努力朝目標進行的類型。當然，這種人絕不會借錢買東西，而是老實地有多少就買多少。具有頑強的意志，過著規律的生活，是其特質。

**②站在妻子這邊的人**

一旦看到想要的東西，就無法忍耐，甚至會借錢去買下它。在金錢方面是蠻任性的。往往在不知不覺中，被貸款壓的喘不過氣，需注意此點。

**③認為「應先收拾一半再看」的人**

丈夫好的部分和妻子任性的部分，兩者兼備的人，屬於非常合理的類型。不排斥向人借款，先享受，或先付頭期款，再慢慢的償淸。美國很多的百貨公司，用此方法來促銷，所以，此種人也可說是具有美國式合理主義的人。

**④認為「可錄下此節目」的人**

這是個構想全然不同的回答，有此種想法的人，想要某種東西時，會邀父母一同前往百貨公司，死皮賴臉的硬要父母替他買，有的則比較好，會找個工讀機會，賺夠了錢後再去買下來，現代的孩子們大概都屬上述的兩種類型的人吧。這也可說是在極端伸張合理主義的現代中之合理主義者吧。

## 問題 7

# 就是這種「飯糰」！

飯糰是既方便又好吃的食物，喜歡吃此種食物的人，給人極簡樸的印象。飯糰的做法雖既方便又簡單，但也有其講究之處，例如：形狀要好看，不能散掉，大小要剛好，鹹度也要恰好等等。

最好吃的飯糰，當然是媽媽做的飯糰囉！

現在，我想請問你，你認為最理想的飯糰樣子，也就是，最能引起你食慾的飯糰，是A？還是B？

# 解答 7

## 樸實大方的圓形飯糰

〈解說〉

人們常說，愈是簡單的事愈難，將此證諸於飯糰亦然。看似一個簡單的飯糰，就有形狀、大小、鹼度、緊密度等等複雜要素，而這些就能決定其味道好不好。好吃的飯糰，每一粒米都要有黏度，但又不能太黏，必需揑的很緊，但又不能緊的變成一團。因此，吃的同時也享受了做飯糰的人的愛。

從你所選擇的飯糰形狀，可得知你的性格，分析如下。

〈診斷〉

**Ⓐ選擇圓形飯糰的人**

具有不拘小節，大而化之的性格。單純，不會去侵犯任何事物，永遠都是老老實實笑容滿面。

**Ⓑ選擇三角形飯糰的人**

蠻精明的，很懂得照顧人。雖失去某種純真，但從另一方面來說，就顯得很老練，乃是屬於都會型的人物。

# 問題8　要插幾根蠟燭？

Y先生邀請好友數人至家中開舞會。那一夜的重頭戲，乃是一個大的聖誕節蛋糕。當然，在滿足奶油的蛋糕上得插上蠟燭。

「插多一點較好看。」

「插個兩、三根就好了。」

朋友們提供了各種意見。

如果是你，你會選擇①～④中的哪種插法呢？

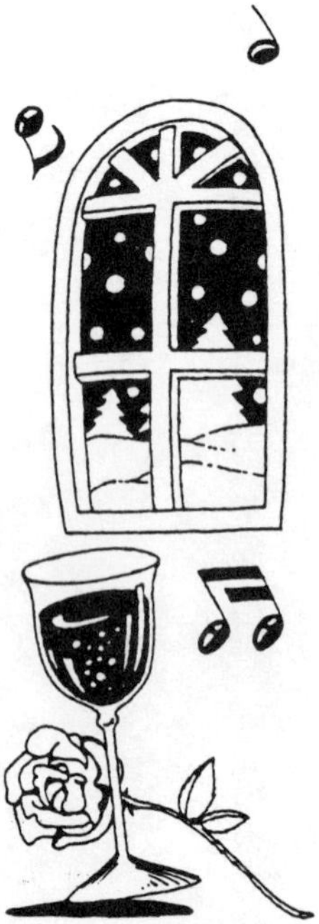

①

②

③

④

# 解答8　只插一根的是肉體派？

〈解說〉

蛋糕上的蠟燭，顯示了你對夢和性的願望。蠟燭數目愈多，表示慾求愈多，反之，插的愈少，表示只對某一種東西執著。在羅曼蒂克的燭光下，溫馨的氣氛會高昇，人們對戀愛的期待自然也會高張起來。現在，就來看看你的慾望之所在吧。

〈診斷〉

**①主張只在中央插一根蠟燭的人**

只主張插一根的人，是屬於乾脆俐落的肉體派。對大膽的性愛視如平常。但是，性的對象只有一人，且對此人熱情。對於夢想和理想，是持「現實比夢想」重要的看法，所以，沒有太多的夢想。

**②主張插三根蠟燭的人**

這和教會的蠟燭插法一樣，表示著智性、熱情和意志。常會注意精神和肉體的平衡，屬於非常理性的類型。不會過於感情用事。在各方面都會以適當的態度去面對，不過，在戀愛方面，卻易陷於迷戀，不太能取得平衡。

**③主張插很多根蠟燭的人**

總之，是夢想至上的浪漫主義者。經常懷抱各種各樣的夢想。在戀愛方面亦然，重量甚於重質，潛意識有很多的異性對其甜言蜜語。但，在性方面卻是很乾脆，絕不拖泥帶水。

**④主張使用動物或人形型式蠟燭的人**

主張使用此種蠟燭的人，在性方面屬於未成熟的類型。對性採取厭拒的態度，遇有人談及猥褻的事時，定緊鎖眉頭。尚未脫離幼兒性，在夢想與現實間有很大的差距。

## 問題 9

## 吃晚飯囉！

這是你去旅行時所住的日式旅館。擺在你面前的是道地土味的晚餐。

請問，你最先要做的事是什麼？

# 解答 9

## 在吃之前一定會做的事是什麼？

**〈解說〉**

這個測驗的預想是，當問到「最先要做的事是什麼？」時，回答的人會有兩種反應。一是以為「最先要吃的是什麼？」的人，或者更具體一點，以為「會做什麼樣的動作？」

事實上，作「先吃生魚片」、「先喝湯」等等的回答的人，都忽略了一個「必做」的動作，那就是「先把衛生筷分開」。

**〈診斷〉**

**▼分開衛生筷、找醬油、打開湯碗的蓋子等等，回答「吃」以前的動作的人……**對事物的分析很冷靜。非常的慎重，稍有點保守。有著避免冒險的傾向。

**▼先吃生魚片，先吃魚……等等，馬上就注意「吃」的動作的人……**屬於直感型，非

常活潑。是行動快於思考的類型。富於冒險心，擅長綜觀大局的看法。

**▼注意到餐桌上沒有用來沾生魚片的調味盤，而回答「向服務生要調味盤」的人……**

與其說是個觀察力豐富，不如說是神經纖細的「麻煩型」人物。

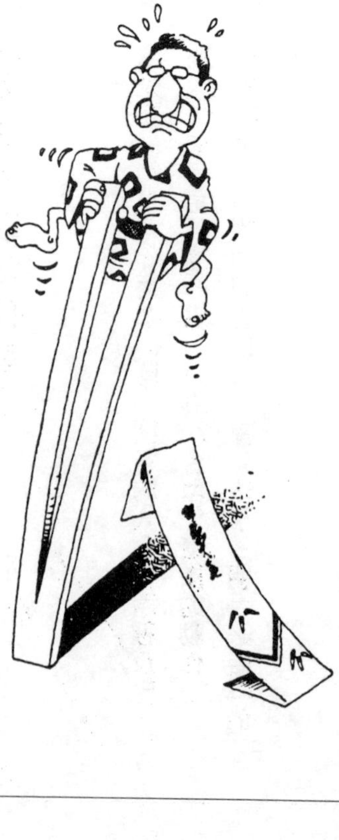

# 「吃」與心的奇妙關係③

■強健的胃腸是年輕的指標

很多中年人常這樣說：「年輕的時候最嚮往牛排了，可是，現在只有豆腐之類的清淡食物較適合我了。」

不過，作家菊池寬卻持與此不同的看法。

他說：

「最近，我對吃已不是很講究了，唯獨牛肉例外。從學生時代開始，我就喜歡吃牛肉，吃了再多也沒有關係。」

一個人年輕時喜歡吃的食物，到了年紀大時仍喜歡吃的話，其胃腸定還相當年輕。

有健康的身體，當然才會有大成就。

## ■日本人總喜歡吃有咬勁的東西

在日本，有很多嚼起來很有勁的食物。例如：加醬油、砂糖、香油抄拌的牛蒡絲，和佐以竹筍的菜肴等等。在中國總是把蓮藕燉的爛來吃，在日本卻喜歡予以醋漬，咬起來脆脆的。

在生魚片的吃法方面，日本尚有一種和生魚片稍微有點不同的「洗」的吃法。方法是：把鯉魚、鱸魚、烏魚、鯽魚等白肉魚，用ATP（可以收縮肌肉的物質）加以稀釋，然後放入水內，讓魚肉更緊後再吃。

日本人之所以喜歡吃有咬勁的東西，是由於日本的高溫多濕氣候所致。

# 第四章　由食物的謎題

## 來看真正的自己

本章，是由你回答與食物有關的謎題答案，來診斷你的性格。你能夠答對幾題呢？

## 問題 1

### 請問有幾個？

如圖所示，這是一個被分割成立方體的蛋糕。

請問，一共有幾個？

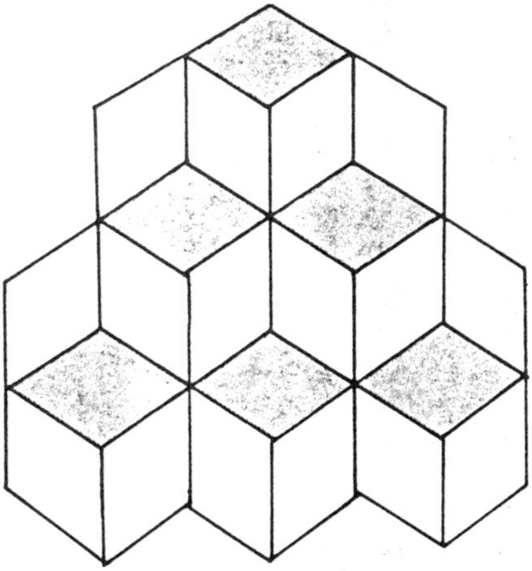

# 解答 1　正確解答有兩個以上

〈解說〉

如果只是單純的看此圖形的話，答案當然是六個（如果把藏在後面的也考慮在內的話，就有十個）。不過，請把書顛倒過來看看。原本是六個的，卻又變成五個……。換句話說，本測驗的答案有好幾個。

此圖形可上下顛倒的看，所以是一「反轉圖形」。因此，本測驗的重點是，你有否注意到此圖形是反轉圖形。

〈診斷〉

**①注意到答案有兩個以上的人**

注意到此圖形可上下顛倒看的人，有著極佳的注意力，也很有柔軟和構想力。

**②沒有注意到人**

想法中缺乏創意，屬於不能跳出一般想法框框的類型。由於注意力散漫，常犯下錯誤，因此，必需多注意瓦斯有沒有關？香煙有沒有熄滅？

## 問題2

# 陳先生的憤怒

每年一度，陳先生都會犒賞家人一番，方法不外是帶太太和孩子們到豪華遊樂區的飯店吃飯。

「親愛的，晚飯要吃什麼？」

「餐飲招待券上寫著，飯店內的任何一家餐廳都可以。」

「那要去哪一間呢？去蒙古烤肉餐廳如何？」

「哇！今晚吃烤肉！」

於是，夫婦帶著孩子到一樓的烤肉餐廳。

但是，數分鐘後，

「開什麼玩笑。這家店真爛！咱們到別家去。」

陳先生怒氣沖沖的走出烤肉餐廳。究竟發生什麼事呢？請邊看邊想像一下。

# 解答 2

## 注意腳底下

〈解說〉

陳先生為什麼會生氣呢？本測驗從你所想到的理由，就可知你的注意力如何。陳先生生氣的理由，就藏在陳先生的腳下。

在市中心的飯店可能就不會發生這樣子的事。可是，陳先生去的飯店是位於郊外的遊樂區，所以，在輕鬆之餘，他就穿著房間內的拖鞋到餐廳去了，當然，服務生必定是客氣的請他出去囉。你有沒有注意到陳先生的腳下呢？或者，你另外想到別的理由。

〈診斷〉

**▼注意到「腳上穿拖鞋，才被拒絕進入」的人**

觀察力極佳，也很有社會常識。

**▼認為「餐廳客滿才進不去」的人**

具有非常老實、坦率的性格，但也常因老實、坦率而吃大虧。

**▼想像「服務生態度太惡劣」等理由的人**

自我主張和權利意識很強，屬於稍有點任性的類型。

**▼想像「單憑飲食招待券不能隨心所欲吃東西，還需再付錢」等理由的人**

屬於很會動腦筋，想的很多的類型。但是，若想的過度，就會成為被害妄想狂。

**▼除以上理由，另有其他理由的人**

是非常有創意的人。

## 問題 3

### 這是夢？還是現實？

哇！好絢爛豪華。A先生面前擺了好多山珍海味。他被挑中參加「世界美食旅行團」，這一切全都是免費的。

但是，這未免太讓人難以置信……，這難道只是一場夢？A先生突然如是想，你認為呢？

# 第四章　由食物的謎題

## 解答 3

## 的確就是在做夢

〈解說〉

請注意A先生手上所拿的叉子形狀。仔細一瞧，果然很奇怪。

這乃是「騙人畫」。這叉子形狀在平面上，根本是不能成立的。用這種叉子吃東西，根本是不可能的。所以，這一切的山珍海味就像充飢的畫餅一樣。總之，只是一場「夢」而已。

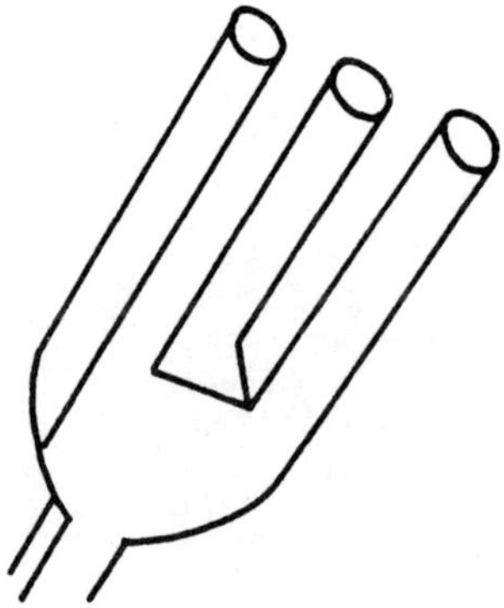

〈診斷〉

①注意到叉子的人

不僅有極佳的注意力和觀察力，且是能從各角度來看事物的人。不會被先入為主的觀念所左右，想像力也很豐富。

**②未注意到的人**

你是典型的糊里糊塗的人，經常沒有睜大眼睛看待世上的事情。例如：忘了拔出車鑰匙就鎖上車門，或忘了在答案紙上寫名字……即，在你的人生中到處都有著破綻。

你應多加注意。

# 問題 4

## 兩張照片

這是在某餐廳拍下的兩張用餐即景的照片。但是，仔細地瞧，就可發現兩張照片稍有不同之處。

你能夠看出有幾處不同嗎？

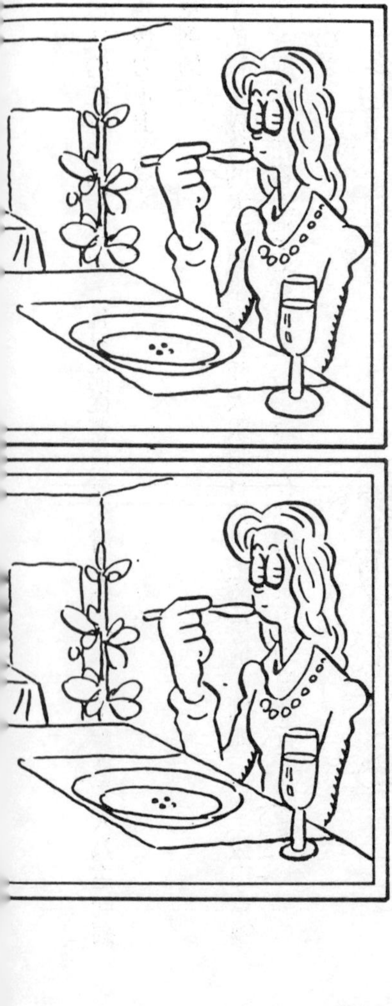

## 解答 4

並不是只有餐具不同而已。

不同的地方有五處。

〈解說〉

相信有很多人會注意到「餐具有很多不同的地方」。的確，餐具的不同處有四個。不過，如此就覺滿意的人，就顯得有點草率了。其實，在服裝上，也有一處不同。

此種問題，與其說是頭腦的訓練，倒不如說是注意力的訓練。

〈診斷〉

**①只發現餐具有不同的人**

可說稍微有點草率。「啊！是餐具」，只認定此部分，而沒有注意其他部分的人，缺乏著實性。需多多注意自己的構想力。

**②五個地方全都發現的人**

不僅很有創意也很有著實性，屬於萬能型。不論是工作或讀書，都會很有成就。

**③不能夠發現兩個以上不同的人**

也許是睡眠不足？或眼睛不好……。如果不是這些毛病，就該注意了。必需多多磨練頭腦，好好地研究本書。

## 問題 5　他究竟在說些什麼？

電視上有個扮演主婦的明星，正在介紹某速食麵。但，突然電視的聲音中斷了，聽不到她究竟在說些什麼？

這位明星究竟在說些什麼？

①「家庭真無聊。」
②「從前我就愛用此產品了。」
③「好吃！真棒！」
④「有了它就放心了。」

# 解答5 從想像的台詞可知道你的內心

〈解說〉

如此問題般，在只有影像沒有聲音，可以自己隨意想像台詞的情況下，人深藏在內心的真意就會浮現出來。

例如：你會很意外的發現，連自己都不知道的，追求刺激和冒險的心理，也就是，從中可意外的看到自己的慾望和真意。

你覺得如何？

〈診斷〉

**①想像「家庭真無聊」的人**

如此想像的你，心中一定充滿想要追求刺激的慾望。對於社會所不認同的戀情，都強烈的憧憬著。而，追求刺激的婚外情，其實是種孽，是種業。

**②想像「從前我就愛用此產品了」的人**

你的心中，隱藏著一些「不被允許」的慾望。由於你很老實善良，所以總覺缺少一種魅力。

不過，此些隱藏的「不被允許的慾望」，反而能表現出你的魅力。

如果你太過於小心翼翼，太過於把不喜歡的事隱藏心中，忍耐著的話，好不容易才有的魅力就會永遠被隱藏了。話雖如此，對你的長輩，還是得尊重他，必需遵守約定，因為，畢竟守住道德仍是至為重要的。

**③想像「好吃！真棒」的人**

你的缺點是，想到什麽說什麽。因此，你乃是個隨著心情走的人。你克制自己的功夫不太好，戀愛時、熱情洋溢時，會在衆目之下與情人接吻。

但你的嫉妒心很強，所以，常會和情人起衝突。

**④想像「有了它就放心了」的人**

乍見之下，你可能是個不容易交往的人，然，在你的內心深處，卻隱藏著很多魅力。你是那種愈與你交往長久，方愈能看出你的魅力的人，所以，與朋友最好維持長久的交往。

你的安全第一的生活方式，有時會讓人覺得「沒有生氣」。你很會賺錢，所以可過著安定的人生。

# 問題 6

## 女主人是不是生氣了？

推銷員K，去拜訪某戶人家，可是在抽煙時，卻不小心把地毯燒焦了。

「沒關係。別介意。昨天我娘家送來幾個好好吃的梨子，請嚐嚐。」

這戶人家的太太，笑咪咪的削了梨子請他吃。

請問，這位太太真的沒有生氣？還是很氣他把地毯燒焦呢？

# 解答 6

## 請注意她的手

＜解說＞

要知道這位太太性格的關鍵，就在她手持刀削皮的方法。

這位太太削梨的方法是，先把梨切成四份，去掉核心後，再一一地削皮。用此種方式削蘋果或梨的人，應該算是很神經質，會注意到細節的人。當然，她家的地毯被燒焦了，焉有不氣之理。她說「沒關係」，你就信以為真的話，就大錯特錯了。

順便一提，削果皮的方法有很多種，各種的削皮方法與性格的關係，敍述如下。

▽先把水果切成一半，再削皮

在該放心的時候偏還放心不了，不過，也不是太神經質，是所謂的「普通人」。而，當周遭的一切不是很井井有條時，心情就會很不安定。

▽把水果切成四份，再一一削皮的人

如上所述，是相當神經質的人。

▽拿起整個水果，儘量把皮削的很長的人

看起來是乾淨俐落，不拘小節的人，其實，是個很情緒化的人。很在意他人的一舉一動。

▽拿起整個水果削，皮不會削的很長的人

很樂天，不會自尋煩惱。有隨機應變的能力。偶而遇有不高興的事，也會馬上忘記，是個很乾脆的人。

▽不削皮的人

純然是樂天派的人。不會在乎過去、現在、未來的人。

〈診斷〉

**①認為這位太太在生氣的人**

如果你著眼在解說中所說的「刀子的削法」，而做此回答的話（這意味著你看透了出題者的意圖），表示你是個觀察力極佳、沈著冷靜的人物。如果只憑看圖，而認為如此的人，表示你是個常把事情往壞的方面去想的人。所以，與其說你是觀察力很棒的人，不如說你是具有不安型性格的人。

**②認為太太沒有生氣的人**

簡單地說，你是個樂天派的人。然而，你心中總有些不安，而為了要消除此些不安。才保持心理的平靜，所以，你可能是具有「逃避型」性格的人。

而你也可以說是，凡事往對自己有利的方向，或好的方向解釋的自我本位的人。總之，你要記得，凡事只要以更樂觀的觀點來看的話，必會消除精神壓力的。

# 問題 7　K先生怎麼了？

一向有大肚漢之稱的K先生到你家玩，於是，你炒了一大盤他喜歡吃的炒飯，請他吃。

但是，K先生卻說：

「對不起，我實在吃不了這麼多。」

這實在不像是他說的話。究竟他為何會如此？請想想理由。

# 解答 7

## 「觀察對方的心情」是非常重要的

〈解說〉

所謂的「觀察他人的心情」是指，「如果我站在他的立場，會如何如何……」的想法而言，可是，在此仍是會反映出你的想法和價值觀。不管你是想像為何種理由，你所想的理由，正是你的性格之投影。

〈診斷〉

**①認為「剛吃飽，所以吃不下」的人**

誰都曾經有說過這種話的經驗吧？不過，如此想的你，未免太陳腔爛調了，希望你能讓自己的思想有彈性一點。

**②認為「有煩惱事，所以沒食慾」的人**

認為對方在這種情形下是有煩惱事的人，有必要好好地反省一下自己。看看是不是自己有什麼煩惱？

**③認為「身體不好，沒有食慾或醫生囑咐要節制飲食」的人**

我建議你該去醫院檢查一番。因為，你對自身的健康有著不安的一面。而，真的生病了的可能性很大。

**④認為「正在節食」的人**

其實，你心裡正想著「節食」一事。也許你太胖了，也許是太矮了，也或許對你的體型有很大的情緒吧。

**⑤認為「一下子吃光的情形太難看，乾脆不要吃」的人**

如是想的人，必有相當的潔癖症。若是太嚴重的話，就會成為頑固且討人嫌的人……。

**⑥認為「有事在忙沒空吃」的人**

這表示你本身很注意時間，且老是有什麼事在忙著，不停地動著。多半是忙碌的生意人，或考試前的學生屬於此類型。

**⑦認為「只是客氣而已」的人**

欠缺想像力，想法衝不破拘束。願你能時時地讓自己，自由的創意一番。

# 問題 8

## 哪一方穩操勝算？

左圖是兩家相鄰麵店的櫥窗，所擺出來的樣品裝飾。

A店的招牌是「特製大碗的叉燒麵」，相對的，B店打出的招牌則是「全都是大碗的」。

兩店「大碗叉燒麵」的價錢其實是一樣的，請問哪家店的「大碗叉燒麵」的量較多？不能用圓規，請單用眼睛看來判斷。

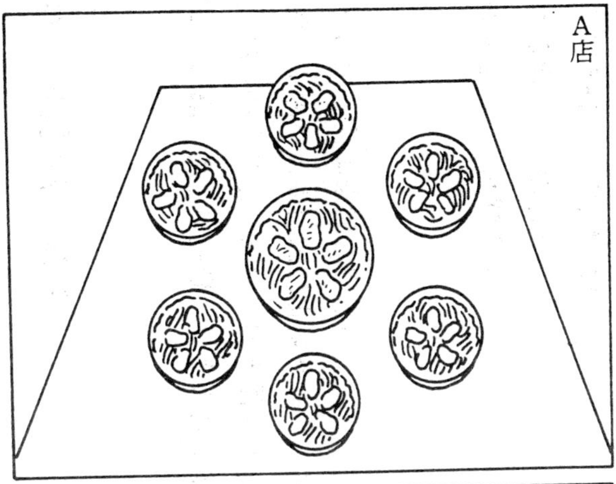
A
店

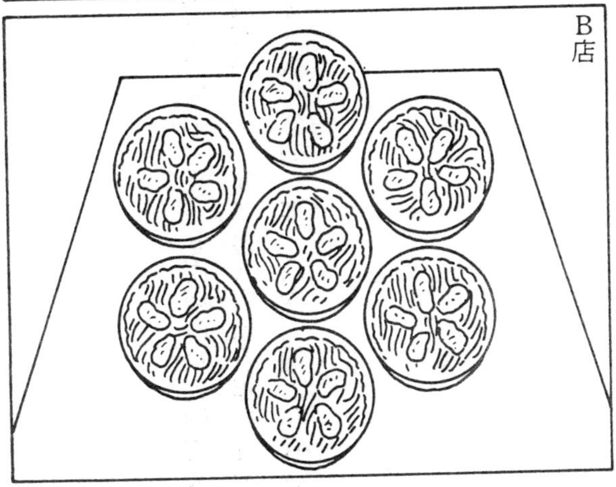
B
店

# 解答 8　全都是一樣的

〈解說〉

這是應用「錯視」的一個測驗。只要用圓規量就可知道，A、B兩店中央大碗的叉燒麵，大小其實是完全一樣的。但是，因周圍其他幾碗的大小，而使得A店的看起來特別大碗。反過來說，感覺「A店的叉燒麵較大碗」，是人很自然的心理。同樣的量，在A店吃叉燒麵的人，會有「吃得很飽」的感覺。

〈診斷〉

▼回答A店的人——老實型。
▼回答B店的人——彆扭型。
▼回答一樣的人——冷靜沈著型。

## 問題 9　誰坐在她面前

在街角的咖啡店裡，有個年輕女孩正喝著咖啡。

而，這四人座的其他三個位置，都是空的。究竟是哪些人會來坐在其他的位子上呢？

①學生時代的朋友（不問男女）。
②男朋友。
③兩個年輕女性。
④沒有人會來坐。

## 解答 9

# 這是檢測你對異性的「期待度」

〈解說〉

剩下的三個位置上的對象，可表現出你「對異性的期待度」。認為是男朋友會來坐在那的人，對戀愛的期待也大，渴望談場轟轟烈烈的戀愛。反之，認為會坐有兩人以上的人之人，對戀愛的興趣就不是很大了。

〈診斷〉

**①回答學生時代的朋友的人**

回答學生時代朋友的人，是閒來無事就喜歡和大家臭屁一番的人，對戀愛不是很熱衷。不過，這也表示你希望有著友情深刻式的交往。對性愛也是很慎重，不喜歡過於露骨的表現。

**②回答男朋友的人**

認為圖中的女性，正在等待男友的人，是戀愛至上主義者。對與之交往的戀人，都熱情相待，甚至不惜獻身。喜歡柔情蜜意，所以，只有兩人時，必是風光綺麗。

**③回答兩個年輕女性的人**

屬於不喜歡被一個對象束縛的類型。喜歡與好幾個異性同時交往，以一種遊戲人間的感覺與異性交往。社交性很好，多為花花公子、花花女郎人物。

**④回答沒有人來坐的人**

回答沒有人來坐的人，對異性有著虐待性變態的傾向。平時會若無其事的說些冷嘲熱諷的話，缺乏溫柔體貼的心。當戀人心情不好，煩惱時，只會沒心肝的冷笑一番。

## 問題 10　究竟在討厭些什麼？

好久沒約會的N先生和Y小姐，今天相約一塊吃西餐。兩人在優美的氣氛中進餐一會兒後，卻發生了口角。Y小姐突然的站起來說著些什麼。接著只聽到N先生大聲的嚷嚷回去：

「真討厭！」

Y小姐究竟對N先生說了些什麼。請在下述中選擇其一。

①「我不能再和你交往下去了。咱們就此分手吧！」

②「時間不夠了，別吃了！快走吧！」

③「老是由我付錢，今天該你付囉！」

④「我還有事，對不起，我先走了。」

真討厭！

## 解答 10

# 由此瞭解你所關心的事

〈解說〉

從你所選擇的Y小姐之台詞，可知你現在關心的是些什麽。這兒雖舉有四個具體例子，不過，答案在此之外的亦行。

〈診斷〉

**答①的人**

現在的你，一定沒有在戀愛吧？你的關心集中在男女關係和男性上，正表示你對此些事有著不安和期待。對戀愛的前景，你有各式各樣的夢想，且患得患失，一喜一憂。

**答②的人**

你認為約會本身比吃更有興趣。現在的你正在戀愛中，且儘量想延長約會的時間。

**答③的人**

現在你所關心的，只有金錢。你很注意口袋裡究竟有多少錢，你認為借貸是個大負擔，所以，時時提醒自己不能浪費錢。總之，你是很小心用錢，量入為出的人。

**答④的人**

你所關心的就是工作，認為戀愛會干擾了工作，如果你是女性，一定是個女強人，如果你是男性，一定是主管的候補者。對你來說，最大的願望是，憑著自己的工作受到公司的重用。

# 「吃」與心的奇妙關係④

## ■織田信長的武器是鄉土味

吃慣了山珍海味的人，有時反而喜歡吃些有鄉土風味的食物。織田信長就是很會利用此種人心理的人。

織田信長給人的印象，是個雄糾糾、氣昂昂的猛將，但，做起事來，卻總是陰晴不定，讓人摸不著他的心理。其實，這個人很有人情味，例如，在元龜元年（一五七〇年）時，他送給朝廷鯨一桶、鶴一隻、竹筍五十袋、鵠等等。鯨就不用談了，其他的都是岐阜的特產品。有時他還送淹漬的鮨哩。

以極具自然風味的特產當禮物，送到遠在京都的朝廷，果然大受歡迎，朝廷裡的人時常都翹首盼望，岐阜的信長送來的禮物。

## ■端出西瓜請利休吃的時候

今年是日本的茶道之祖——千利休，逝世四百年的紀念年。千利休不僅擅於茶道，在待人接物上也非常嚴謹。凡事嚴謹的他，傳有如下的故事。

據說，有個叫飛喜百翁的人，邀請利休到他的家。百翁為歡迎利休，就把當時視為天下珍味的西瓜端出來請他吃。且，西瓜的上面還灑有當時也是非常貴重的砂糖。

但是，利休非但不高興，反而非常生氣，他只吃了沒有沾砂糖的西瓜部分。之後，他告訴弟子：

「西瓜有西瓜的味道，怎能沾砂糖吃呢……」

由此可見，招待客人還真不容易哩。

## ■喜歡吃葡萄牙料理的豐臣秀吉

現在來談談曾晉用利休，後來因不和而令他切腹自殺的豐臣秀吉。喜歡新奇事物的秀吉，與東來的南蠻人（葡萄牙人）有很好的交流，此乃衆所周知之事。

日本向朝鮮出兵之際，秀吉在九州的名護屋擺下陣，這時他偶而會到葡萄牙人傳教士的船上，吃他們的料理以打牙祭。據說，喜歡珍饈珍奇食物的秀吉，非常喜歡吃葡萄牙菜。他尤其喜歡喝白蘭地，還曾以它為禮物帶回來哩。

一直都以「積極推展外交」為標榜的秀吉，沒想到竟是以「美味菜肴」來交流。

**■肚子餓時不能作戰嗎？**

一直到最後都臣侍於豐臣秀賴的是，勇將——真田幸村。在大阪夏的戰陣上，將軍秀忠的姪兒——松平忠直奉命進攻此位勇士——幸村。松平忠直在大軍面前，若無其事的大吃他的開水泡飯。吃飽了之後，他對衆人說：

「先要把肚子塡飽。這樣一旦入了地獄，也不會被打入餓鬼道去受苦。」

衆家臣看見大將若無其事的大吃大喝，都鼓起了奮戰的勇氣。此戰，松平忠直這方得到勝利。

這也是心理作戰可左右戰況的一例。

# 第五章　在飲食中的表現

## 可以發現另一個自己

# 性格測驗⑧　由「吃」認識自己

本章，藉由飲食之中自然表現出的行爲和習慣，來診斷你的性格。請實際地演練一下。

## 問題 1

## 你要從哪開始吃棘鬣魚形狀的麵粉製點心？

這是一個做得維妙維肖的棘鬣魚形狀的麵粉製點心。當然，它的吃法並沒有一定的規則可循。所以，要從哪裡開始吃，因人而異。

現在，你會從哪裡開始吃這份點心呢？

①從頭開始。
②從尾巴開始。
③從肚子開始。
④從背脊開始。
⑤分成一半，從尾巴開始。
⑥分成一半，從頭開始。

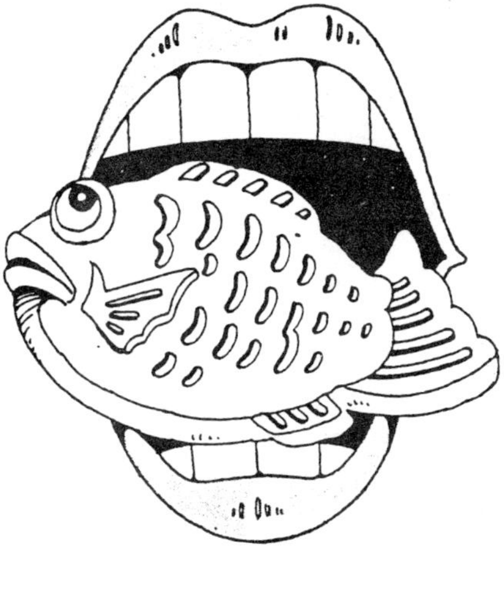

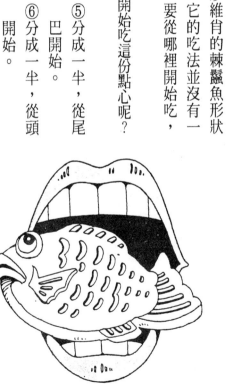

# 解答1　從頭開始吃的人是個樂天派的人

〈解說〉

除了用麵粉做成魚或動物形狀的燒烤點心外，在東京的飯田橋，有一家「小野子烤餅店」，是做成人的形狀。

吃人，想起來實在是件殘酷的事，但是，有人說，它給人「垂涎欲滴」、「可愛」、「小小的」感覺，而這感覺其實和食慾有密切的關係。

而且，不只是人類，動物、植物及一切生物，說起來也都是一樣的。

在獅子的眼中，小鹿看起來就是「很可愛」、「很好吃」的東西，而在牛等草食動物的眼中，草和嫩芽也是「很可愛」、「很好吃」的東西。

〈診斷〉

**①從頭開始吃的人**

從頭開始狼吞虎嚥的人，大多是大而化之，不計小節的樂天派的人。屬於想到什麼就直截了當說出的類型，對事物易熱也易冷。

這類型的人很不肯服輸，若是女性，就很頑固，討厭接受男性的命令。

**②從尾巴開始吃的人**

從尾巴開始大咬特咬的人，是慎重小心型的人物。很在乎小節。很憧憬柏拉圖式的戀愛。不論男女都很重視打扮，在服裝方面很肯花錢。

但是，出乎意料之外的，此種人對他人的感覺很遲鈍，常沒發覺到被異性所愛戀，而，自己又很易陷入單相思。由於凡事都很慎重，所以，不會做出同樣失敗的事情。

**③從肚子開始吃的人**

屬於男性的類型，不管做什麼事都很積極，具有運動家的精神。有陽剛氣，卻又喜歡照顧他人，對任何人都是和藹可親的，很受周遭人的信賴。但，從另一方面來說，此種人因喜歡照顧人，所以不會拒絕他人的拜託，因而常會把自己弄得分身乏術。如果是女人，比較會受到同性的歡迎。在行動方面，傾向於採取和男性對等的行動。

**④從背脊開始吃的人**

此種類型的人，非常神經質，又非常愛撒嬌。多為獨子或么子。平時比較喜歡獨自看書或看電視，不喜歡和一大堆人起哄吵鬧。

有著一顆溫柔體貼之心，常會撿回流浪狗或貓。

**⑤分成一半，從尾巴開始吃的人**

彬彬有禮，舉止小心慎重。此種吃法以女性為多，大多是受老師和父母信賴的乖寶寶類型。心中雖常想去做某些事情，但真正機會來了，又沒有勇氣去做。但，一些循規蹈矩之事，都能努力的做到。在金錢方面，是屬於很會存錢的合理主義者。

**⑥分成一半，從頭開始吃的人**

此種吃法以男性居多。此種人一旦決定了某事，就會從頭做到尾。很擅長運動，在金錢方面，有吝嗇的傾向，很討厭借錢給人家。如果是女性，屬於做事乾淨俐落的類型，但，在男性眼中，卻是個「很囉嗦，很討厭」的女性。

# 第五章　在飲食中的表現

# 問題 2

## 吃玉米的方法有好多種

吃烤玉米真是一大樂趣。塗上醬油，烤得香噴噴的玉米，真是令人垂涎欲滴。

吃玉米的方法因人而異。有的人是大口大口的咬，有的人則是一粒一粒的吃……。

你是採哪種吃法呢？

①從上往下吃。
②邊轉著邊吃。
③折成兩半再吃。
④用刀或叉子挑玉米粒吃。

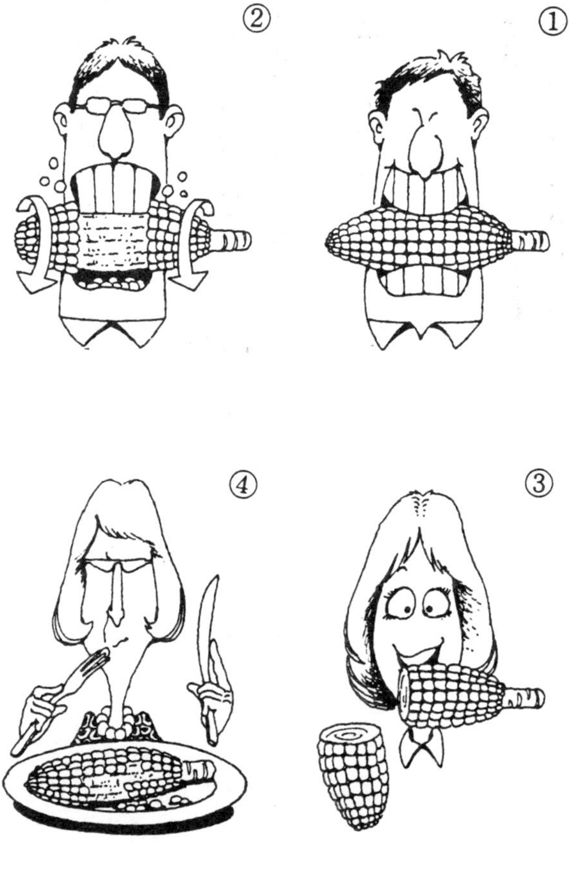
②
①
④
③

## 解答 2　愈是年輕的人愈會從上往下啃

〈解說〉

據調查，有百分之二十的美國人是回答：「由上往下啃」，百分之八十的人則回答：「邊轉著邊吃」。有趣的是，愈是胖的人愈喜歡「邊轉著邊吃」，愈是年輕的人，愈喜歡「由上往下啃」。

玉米是性的象徵，與性愛有密切的關係。由一個人的吃法，可顯示出此人的行動。

〈診斷〉

**①從上往下吃的人**

屬於只要我喜歡就好，不注重外觀的類型。不太在意周遭人的眼光，自己想怎樣就怎樣。多半的年輕人是屬於這類型的人，很具有積極性。

**②邊轉著邊吃的人**

此為一般常見的吃法，採此種吃法的人相當小心。不管做什麼事情都很小心翼翼，不太會提出自己的意見。常會在他人行動後，經過確認後才會開始行動。

**③折成兩半再吃的人**

乃是慎重派的類型。此種吃法以女性為多，很在乎他人對自己行動的看法，很在意周遭之人的視線。因此，不會隨意地將自己的慾望和慾求表現於外，是內向的人。

**④用刀或叉子挑玉米粒吃的人**

實在是過份的神經質，屬於裝模作樣的類型。喜歡打扮，喜歡高級品，很重視形象，一旦沒有打扮，就會顯得落落寡歡，若有所失。

# 問題3　咖哩飯的正確吃法

吃咖哩飯時，你喜歡下面的哪一種吃法呢？

Ⓐ把咖哩和飯攪勻後再吃。
Ⓑ勺一匙飯，沾著咖哩來吃。
Ⓒ從盤底，讓咖哩在飯的上面來吃。

Ⓐ

Ⓑ

Ⓒ

# 解答 3　攪勻後再吃是正式的吃法

〈解說〉

「咖哩」傳自印度，道地的咖哩飯吃法，是把咖哩和飯完全攪勻後再吃。換句話說，A的吃法才是正式的吃法（至少在印度是如此）。

日本人採Ⓒ般，即「從盤底，讓咖哩在飯上面」吃法的人較多，在印度人眼裡，這是種很奇怪的吃法。

老實說，「讓咖哩在飯上面的吃法」，是壽司的吃法。也就是說，日本人吃東西有「嚐材料本身味道」的傾向，至於印度人，則均勻的攪拌各種香料後，加在各式各樣的材料內，然後享受此種複雜味道的協調性。說起來，這就是飲食文化之不同。

當然，在日本，咖哩飯的吃法就變得日本化了。哪一種吃法才正確？實在很難說了。

如果是到純正印度餐廳吃咖哩飯的話，就得注意了，如果你不攪勻後再吃，就會被印度人的服務生視為異類。

〈診斷〉

**Ⓐ把咖哩和飯攪勻了才吃的人**

採用印度型吃法的人，是既熱情又有創意的人。擅於臨機應變，能很快地適應新環境。

**Ⓑ勺一匙飯沾咖哩來吃的人**

採有優雅感吃法的人，很招人注意，對他人的行動常會表示意見。

**Ⓒ從盤底，讓咖哩在飯的上面來吃的人**

採日本人標準吃法的人，可說是最符合常識的人，但有點欠缺國際感覺，不過，是個很能配合周遭之人行動的公司型人物。但，卻也有人云亦云的毛病。

# 問題 4

## 這樣，那樣的飲酒癖

請老實地回答此問題。你有哪些這裡所列出的「酒癖」呢？

Ⓐ老是喜歡喋喋不休（醉了就吃吃的猛笑）。
Ⓑ猛敲猛打，到處活動，動作很大。
Ⓒ沈默不言。
Ⓓ醉了就會哭。
Ⓔ愛觸摸異性的身體。
Ⓕ愛唱歌。
Ⓖ喜歡跟人吵架。
Ⓗ呼呼大睡。
Ⓘ老是勸他人喝酒。

Ⓙ不斷喊「乾杯」。
Ⓚ喝了再多也跟平時一樣。
Ⓛ喝到可能出現酒癖就不喝。
Ⓜ特殊酒癖，非以上所述。

# 解答 4

## 喝了酒就會出現相反於日常生活的舉動

〈解說〉

「我絕對沒有奇怪的酒癖」，你一定如此認為，可是看在冷眼旁觀的人眼裡，就不是這麼一回事了。因此，本測驗最好是請和你最親近的人，來做判斷。

一個人若能事先掌握住自己的酒癖，就可以更加理解自己是個什麼樣的人，為讓他人理解自己，也有必要事先掌握自己的酒癖。

〈診斷〉

**Ⓐ老是喜歡喋喋不休（醉了就吃吃的猛笑）**

平時沈默寡言、彬彬有禮的人，一旦喝了酒，就喋喋不休，不時露出真感情的話，平時的人際關係一定是處於緊張的狀態中。

這種類型的人，一絲不苟，很有韌性，重視秩序，對於長輩必是採必恭必敬的態度。對於女性也是很認真的，絕不會開玩笑，總之，是個「正經八百」的人。基本上，此種人的精神壓力較多，所以，會藉酒來發洩其精神壓力。

但是，反過來說，這種人若不是藉酒來發洩的話，壓力就會積壓在身上。因此，當知道喝了酒就有喋喋不休的毛病時，就儘量地不要一個勁的工作，需培養些輕鬆的興趣，平時要讓自己過的快活點。

**Ⓑ猛敲猛打，到處活動，動作很大的人**

一喝酒就動作很大的人，反抗心很強，有強烈的慾求不滿、或強烈的自卑感。此種人不喜歡配合他人來行動，若硬要他們配合他人來行動，就會出現挫折感，而他們就會藉酒來發洩此種挫折感。例如：摔杯子、摔椅子等等之類，會常做出讓周圍吃驚的事，需特別注意。

**Ⓒ沈默不言**

平時很活潑，很具行動力，受大家信賴的人物，一旦喝了酒，反會很安靜、很沈默的話，表示其強烈地想排除自己的判斷，才會有這樣的行動。在其心底深處，有著「現在我覺得一切還算順遂，如果我就任此下去的話，難道就不會出問題。以後的情況我也許無法掌握的住」的不安。而，其心中的迷惘就會藉酒發洩出。

**Ⓓ醉了就會哭**

既是個熱情家也是個浪漫主義者。具有強烈的自我，無法壓抑自己強烈的感情。對性的慾求很強，強烈地想佔有異性，不會考慮對方是否能接受。其心裡老是想著：「我每天如此努力、誠實的去做，為什麼總得不到相應的對待呢？」

總之，凡是喝了酒會哭的人，往往都是「為了自己在哭」，以此意義來看，此種人是極為利己的。

**Ⓔ愛觸摸異性的身體**

這是中小企業的老闆，或緊張度較高的中間管理階級的人，最多見的酒癖。

單就此現象來解釋的話，此種人因不滿於無法以「心」和異性接觸，遂用「物理性的接觸」來填補其空虛。當對性事感到衰弱，或自己的慾求無法適當的發洩時，或在金錢方面、工作方面不順自己的意時，即心中有不平、不滿時，多會做出此種舉動。

**Ⓕ愛唱歌**

既有社交性又喜歡照顧人，是把工作和私生活劃分的很清楚的人。此種人頗具有將來性，很值得信賴。且，不懼失敗。是會把自己的技術和個性發揮在工作上的人。但，如果是屬於，在卡拉ＯＫ裡拿到麥克風就不交給他人的類型的話，就另當別論了，這種人多是有著精神壓力的「任性中年人」。

**Ⓖ喜歡跟人吵架**

運動員多有此種酒癖。可說是個具有強韌行動力的熱血漢型人物。

其中，有平時很老實，但一喝酒就愛生氣的類型。在這種情形下，可說其本來就具有熱血漢型的性格，但卻在後天被極端的壓抑住，然一喝酒就露出原性了。

**Ⓗ呼呼大睡**

這是平時很在乎周遭之人的眼光，一直希望能與他人同步，「凡事都說是」的人之酒癖。在性格上多屬內向、意志薄弱的人，例如，想與交往的對象結婚卻遭父母反對時，就會馬上放棄。其一喝酒就會呼呼大睡，可能是在白天花太多精神在注意周遭之上吧。

**Ⓘ老是勸他人喝酒**

希望對方和自己是相等的，屬於保守且防衛本能強的類型。若是熱心地勸異性（尤其是女性）喝酒，則是對異性強烈憧憬和具有支配慾的人。

「要喝嗎？」確定對方要喝後才倒酒的人，不會把自己的想法強迫給他人，而會尊重對方的立場，是思想很具彈性，很體貼的人。

反之，不管三七二十一地，把酒倒入對方的杯子，一個勁勸酒的話，乃表現出一種向對方「挑戰」的「對抗意識」。尤其是，對方的酒杯裡還有酒，仍要倒酒在其酒杯的人，擁有想牽著對方鼻子走的意識。

**Ⓙ不斷喊「乾杯」**

乍見之下蠻懂事，卻意外的很固執，看起來很和藹可親，其實是性格很冷淡的人物，多有此種酒癖。

**Ⓚ喝了再多也跟平時一樣**

也許是體質上的原因吧，不過，也有可能是過去曾因酒醉，暴露出自己的缺點，因而有比他人強一倍的警戒心。總之，可確定的是，此種人皆具有「小心翼翼」的性格。

**Ⓛ喝到可能出現酒癖就不喝**

喝酒總是淺嚐即止，喝酒絕不急躁，藉著喝酒營造很愉快的氣氛……這種類型的人，富於協調心，在團體中，最擅長的是，贏得衆人的協助。

**Ⓜ特殊酒癖，非以上所述**

我們只能想像，此種人可能在平日就有著很獨特的性格。

# 問題 5

## 六位紳士

好幾位紳士坐在吧檯邊。他們正在開同學會，而這，已經是第二攤了，請問，你知道現在他們各說些什麼話嗎？請把各紳士的圖，和下面的各台詞，連連看。

①「呃？還要再換一家喝？好極了！咱們走吧……」

②「咱們這幾個人中，看起來我是最出人頭地的囉！」

③「哈哈哈！今天好快樂！大家

痛快的喝吧！」

④「等一下咱們再到別家喝，怎麼樣？」

⑤「唉呀！吵死了！這堆人，討厭死了！」

⑥「大家看起來都好快樂喔！為什麼只有我會有寂寞的感覺呢？」

## 解答5　請注意他們握杯子的方式

〈解說〉

台詞跟人物的關係如下。

Ⓐ＝③　Ⓑ＝①　Ⓒ＝⑤　Ⓓ＝⑥　Ⓔ＝④　Ⓕ＝②

全部答對的人可說具有極佳的觀察力……由測驗本身就可判斷出此結果，然而，本測驗的著眼點是在於，你能否從測驗中所出現的各人物之「拿杯子的方法」中，找出性格與你最接近的人物來。

請實際拿個杯子檢查看看你的拿法，和前頁的哪個人最近似？

〈診斷〉

**Ⓐ手持玻璃杯上方的人**

Ⓐ

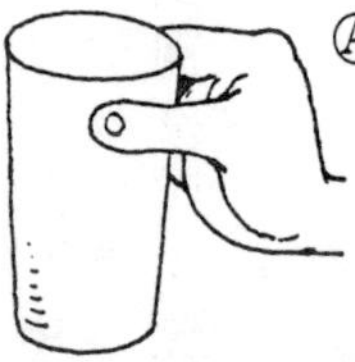

持玻璃杯上方喝酒的人，是不拘小節、樂天而大方的人。嗓門很大，喜歡邊喝酒邊談天。現在正處於舒暢的狀態中。

**Ⓑ手持玻璃杯中央的人**

順應力頗佳，屬安全型人物，待人親切。不會拒絕他人的請託，是個好好先生。有時心裡雖不樂意，表面上仍會給對方假以好色。

**Ⓒ手持玻璃杯下方的人**

手持玻璃杯下方喝酒的人，很在意小節。由於頗介意他人的想法，因而顯得有點內向。特別是，小指伸向外側的人，相當神經質。一般說來，情緒變善變，一有不高興，馬上就會表現在臉上和動作上。有極佳的藝術感，很多是屬於點子王，對自己很有自信，但，也有彆扭的一面。

**Ⓓ兩手持杯的人**

用兩手持杯喝酒的人，多為寂寞孤獨的人。雖也想與人快樂地交談

Ⓑ

Ⓒ

Ⓓ
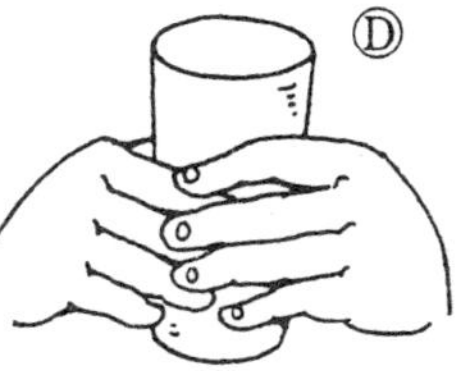

，打鬧成一片，但總是難以辦到。然，此種人「親和的慾求」是很強的，有著強烈的與人接觸的願望，對異性的關心度也很強。

**Ⓔ喝酒時會搖杯子的人**

一面喝著酒，一面搖著杯子，讓杯裡的冰塊發出聲響的人，總是不安靜，喜歡動個不停。有多方面的興趣，易見異思遷，不喜歡在一家店、一張椅子上，從頭喝到結束。

**Ⓕ一面拿杯子一面抽煙的人**

一隻手拿杯子，一隻拿煙……採取這種姿勢的人，對工作和自己的才能都很有自信。在富有個性化的工作上，可伸展自己的實力。可是，在人際關係上卻是很不順利的，可說是獨來獨往型的人。

Ⓔ

Ⓕ

## 問題 6

## 請試試看

希望你能實際的做本測驗。

○先燒開水。

○準備咖啡（紅茶亦可）。

○在等水燒開的期間，請輕鬆的看「性格測驗⑧」。不過，儘量的別太早看本測驗的回答之頁。

○水燒開了，可以泡咖啡了，請用右手拿杯子……。

好！停下來。就這樣。用左手翻至下一頁。

# 解答 6

## 由拿杯子的方式可看出你的將來性

〈解說〉

你在下意識之中拿著杯子的手，跟左圖的哪一個形狀最接近？握杯子的手姿，因人而顯示出各種不同的表情。當然此種「表情」可強烈地反映出此人的性格。

有趣的是，性格纖細的人，手執杯子的樣子也很纖細，大而化之性格的人，握杯子的方式也是大而化之的。

〈診斷〉

**①緊握住杯耳的人**……自我主張稍強，喜歡引人注目，是個我行我素的人。

**②小指揚起的人**……很神經質，是個拘泥小節，對周遭之人吝嗇的人。

**③感受像在抓某東西的人……**非常活潑，是個八面玲瓏的人。但，有時不免流於「輕浮」。

**④用小指、拇指，或者是用兩者來支撐杯子的人……**是具有藝術家氣息的幻想家。然，常因不理會周遭的意見，而頻吃悶虧。

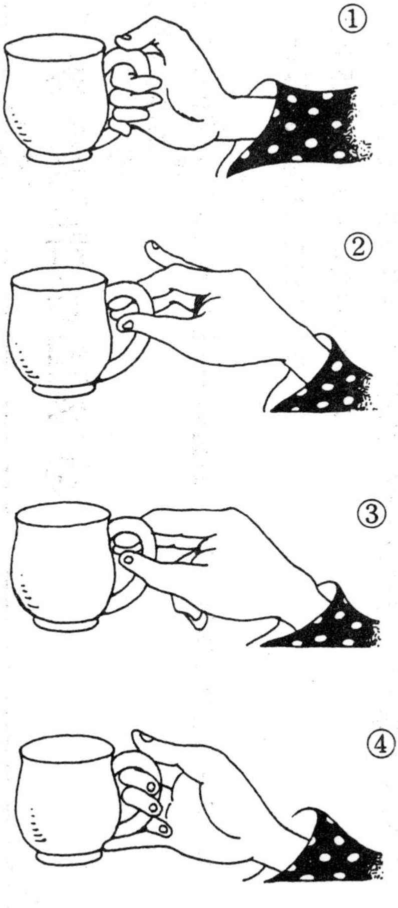

# 「吃」與心的奇妙關係⑤

## ■飲食決定人的性格

在此，從水野南北所留下的家訓中，挑選兩、三個與飲食有關的，予以介紹一番。

「人之貴賤，端視對飲食慎重與否。」

諸如此般的，水野南北對飲食相當注意。

從一個人飲食的量，可看出此人的性格和運氣。食量少的人，即使從人相學來看，也是多為福相且長命型的人。

人的慾望之中，最強的就是「吃」的慾望。而，一個人如何控制其「吃」的慾望，也說明了此人是以何種程度控制其本能的慾求。據說，美國某些公司的老闆，在面試時，會先剔除「肥胖」類型的人物。他們認為，無法把吃，也就是本能的慾求加以調整的人，將來在工作上，也必是自制心不足，禁不起誘惑的。

「人生的吉凶，皆從飲食產生。最可憂慮的，唯有飲食，最該謹慎的，也是飲食。」

「謹慎小心的人，不會在飲食或萬物上有所浪費。」

「狼吞虎嚥，囫圇吞食的人，精神必不穩定。諸事也必靡爛，不上軌道。」

水野南北又指出，平時能控制飲食，食量也一定的人，若突然飲食次數增加、且量也大量增多的話，其生活必有急劇的變化，身體狀況也會有所改變，甚至連運氣也會突然的為之改變。認為飲食是人生最重要的關鍵所在的水野南北，也認為飲食可以決定人的性格。外觀看起來溫和、老實的人，卻有著很大的食量，或吃相很差的人，定不是個可信用之人。

四十歲以後的飲食，與日後的運氣變化，尤其有很大的關係。從前的人視四十二歲（足歲）為災厄之年。明治初期的日本男子，平均壽命只有四十二點七歲，因此，視此年齡為「災厄」之年，也是理所當然。而，度過此災厄之年的最重要關鍵，就是飲食療法。在年滿四十一歲的時候，就要持續三年的飲食限制。

換句話說，平時要信仰神佛，祈拜神佛，同時要將飲食的量減半。然後，把自己所減下來的份，供奉神佛。雖將飲食減半，但「多吃青菜卻是無罪的」，少吃米食，多吃青菜的現代飲食療法，在兩百年前，早就被獎勵提倡了。

有一位住在大阪堂島，名叫住喜的商人，以事業成功而出名。年輕時的他很愛跟人打架，且又好賭。在人相上也是非常的差，是自古以來就被認為最惡的人相。

但是，這位青年卻吃的很簡單，他最愛的是粥。且，其所使用的燃料，乃是撿自河裡的竹木，總之，過著非常簡樸的生活。結果，人相自然變好，其後賺了很多錢成為名流，這是水野南北在「修身錄」中所記載的。

# 第六章

## 從你所選擇的店

### 就可瞭解你一向所不認的自己

本章，從你會選擇哪家店或場所來進餐，診斷你的性格。你會選擇哪兒呢？

## 問題 1　哪種店最適合商談

上司B對新進人員A說：

「我要跟客人談生意，你替我安排一個，既可以進餐又可以慢慢談話的地方。吃什麼都可以，總之，首要條件是，能讓我們靜靜的談話。」

如果你是A的話，會挑下面的哪家店。

Ⓐ螃蟹專門料理店。

Ⓑ高級日本料理店。

Ⓒ高級的鰻魚店。

Ⓓ法國餐廳。

Ⓔ中國餐廳的特別室。

# 解答1　能夠邊吃邊談話的店是最好的

〈解說〉

當然，一般說來，每一家店都是可邊吃邊談的，因此不論你選擇哪家店，上司B大概都會說：「嗯，還不錯。」

但是，以筆者個人的意見來說，最好是避免選擇螃蟹專門料理店來進行商談，因為吃螃蟹時的「剝殼」動作，會影響商談的氣氛。

〈診斷〉

Ⓐ選擇螃蟹專門料理店的人

與人交往時，很重視坦誠，很有警戒心。富於冒險的精神。

Ⓑ選擇高級日本料理店的人

很重視與朋友間的連帶感，但另一方面，有很強的虛榮心，且是閉鎖的、保守的。

**Ⓒ選擇高級鰻魚店的人**

由於是高級店，所以上菜的時間可能得等個數十分鐘以上。因此，可利用這段時間進行商談。在引頸以待上菜的時刻，你們很有商談的空間。總之，選擇此地方的人，向上的志向很強，且另一方面，在掙扎向上的手段上，是小心翼翼，凡事謹慎，求取確實性的。

**Ⓓ選擇法國餐廳的人**

警戒心很強，對對方的智慧能力要求很高的類型。

**Ⓔ選擇中國餐廳的特別室的人**

中國料理的餐桌都是圓形的，因此，營造出一種誰都是站在對等立場說話的。且，在同時分食同一盤菜的情形下，可增加彼此的親密度。選擇此店的人，屬於人格圓滿、重人情的類型。

## 問題 2

## 在陌生鬧市的站前

因為有事來到陌生地方的你，出了收票口，突覺肚子有點餓。
「還有點時間，先吃點東西吧……」
如此想的你，便向四處看了看，那兒有如下的飲食店。
你會選擇其中的哪家店呢？

①立刻可食的麵店。
②漢堡店。
③便當店。
④有商業午餐的咖啡廳。

便當店
漢堡店
麵　店
商業午餐

# 解答 2

## 檢測你的「積極度」

〈解說〉

本測驗的重點是：「一個陌生的地方。」

而選擇「漢堡店」的人，大都是在下意識中想像著：進行散發「當地的氣氛」的店，必會有所不安……。

就如衆所周知，漢堡店都是採連鎖經營的方式，所以，裝璜、氣氛都大同小異，因此，即使是你未曾去過的店，也會給你一種熟悉感。

有的人，卻是想在「陌生的地方」，積極追求新的經驗，這種人就不會選擇漢堡店，而會選擇當地人常利用的便當店等等。

〈診斷〉

**①選擇立刻可食的麵店的人**

在下意識中，可能做如下的計算：既是「立刻可食的麵店」，那麼，吃的時間應不會太久，如此，即使不喜歡店內的氣氛，也應該可忍耐。

因此，選擇此店的人多是膽怯向新領域挑戰的人，多是安全主義者，極為保守。又，當然也有稍微「急躁」的一面。

**②選擇漢堡店的人**

就如解說所述，屬於安全主義者，在面對未知的領域時，會極力避免因陌生所帶來的不快感。

**③選擇便當店的人**

想積極的與當地的氣氛融合，或想要享受未知體驗的意識很強，是富有彈性，極力的想熟悉環境的人。

**④選擇有商業午餐的咖啡廳的人**

對「自己」有著明確感，不論在任何環境中，都不會失去自己的步調，屬於樂觀主義者。對新的領域，不但會採取積極的態度，而且會逐漸的把它成為自己的一部分。

## 問題 3

## 進餐時，你會選擇哪個位置？

你和好友兩人一起到西餐廳吃飯。你們被安排到如圖般的長方形桌子，椅子要放到哪個位置都可。你會和你的朋友採取下圖中的哪種坐法呢？

①各據一個角落相鄰坐的人。
②正面相對而坐。
③兩人並排鄰坐。
④呈對角性來坐。

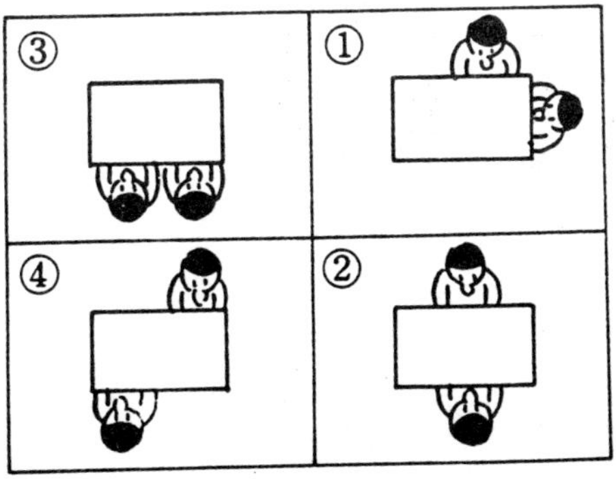

# 解答 3

## 椅子的位置表示親密度

〈解說〉

從兩人所坐的位置，可明白彼此間的人際關係。不過，坐的近並不代表兩人就很親密，坐的遠就表示兩人的關係很差。兩人間的距離有著很微妙的反應。坐的太近或太遠，對彼此間的人際關係都不是很好的。總之，要建立良好的人際關係是頗難的。

**①各據一個角落相鄰而坐的人**

與朋友呈直角相鄰而坐的人，擅長與人交往、親近。此種人很努力地聆聽對方之所言，也努力地讓對方明白自己之所言。兩人之間的關係相當密切，非普通朋友能比，乃是非常要好的朋友。

**②正面相對而坐的人**

選擇正面相對而坐的人，屬於意圖指使他人，或愛批評的類型。頭腦頑固，舉止不脫常規，兩人間一定不是很親密。

**③兩人並排鄰坐的人**

孩子們一起坐時，常會採取這樣的坐法。尤其是，自己和朋友相鄰而坐的人，很喜歡向朋友撒嬌。一弄得不好，就會整天的黏住朋友，不論是上廁所、吃飯都要一塊……這種人實有必要脫卻孩子氣，成為一個真正的大人。

**④呈對角線位置坐的人**

在這些坐法當中，相距最遠的就是這種坐法了，而，懂得保持此種適當距離的關係的人，可說是很成熟的人。乍看之下，此種人很冷淡，其實是可與之建立信賴關係之人。選擇這種位置的人是能受人信賴的，做任何事都不會勉強去做，是能與之好好溝通之人。

## 問題 4

# 麵店要開張了

經過長時間的籌備之後，A先生的麵店終於要開張了。於是，他去找街上的不動產商。

「你要開麵店，這裡有一些很好的地點。」

如果你是A先生，會選擇①～④中的哪個地點？

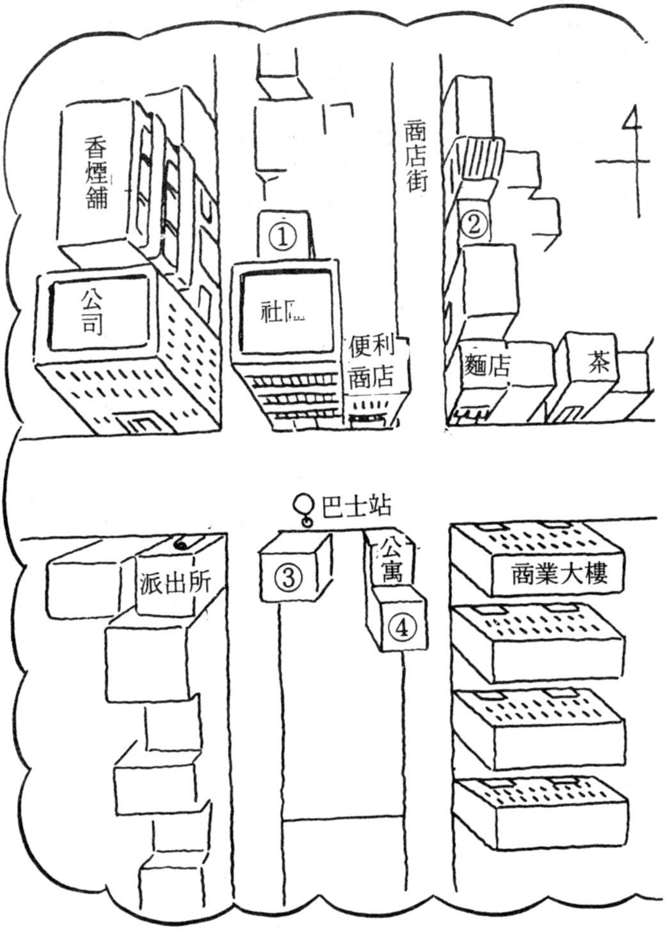
香煙舖
公司
①
社
商店街
便利商店
②
麵店
茶
巴士站
派出所
③
公寓
④
商業大樓

# 解答4　檢測你的「家庭優先主義程度」

〈解說〉

大多數的日本人都很喜歡吃拉麵。雖然烏龍麵、義大利麵等，也是用麵粉做成的麵類，但都是白色且呈直條的，只有拉麵是黃色且呈捲捲的。原因是，拉麵是用「鹼水」做的。「鹼水」是碳酸鈣飽和溶液，用它來揉麵的話，在碳酸鈣的作用下，麵會收縮，所以，拉麵吃起來特別有嚼勁。

知道了一些拉麵的小常識後，咱們再回到本問題，請問，你會選擇哪個地點？

〈診斷〉

**▼選擇商店街上的①場所的人**

在商店街的正中開店的人，基本上是個很認真的人，每天都過著很有規則的生活。

不論是開店時間、打烊時間、睡覺時間、起床時間，每一天都是很準時的。這種人總是一個人默默的工作著，久而久之，有可能成為既好吃又道地的拉麵老闆。

**▼選擇熱鬧的②場所的人**

②是在咖啡店、飲食店林立的繁華街上。在這種地方開店，生意必會很好……，基於此想法，選擇此地點的你，實在是個無可厚非的常識人。凡事都以安全為優先考慮，不會冒險，所以，所開的拉麵店也是間平常之店。不過，由於擅與人交往，因此，易得到附近之人的好風評。

**▼選擇交通便利③場所的人**

選擇此地方的人，屬於追求浪漫的放浪類型。喜歡具有男性粗獷氣息的一切，例如：橄欖球、曲棍球，騎馬奔馳荒野的人等等，都會使其熱血澎湃。

看到他人吵架時，也必會上前勸架。這種人所做的拉麵，也必是「大碗又滿意」的。在店內舉行吃五碗就免費的老闆多數此種人。

**▼選擇靠近住宅區④場所的人**

以住宅區的居民為對象的拉麵店，就得附有外送的服務了。因此，此種店的客人多為老顧客，非僅有一面之緣的過路客，因此，喜歡跟老顧客交往的人，才會選擇此地點。選擇此地點的你，相當保守，可說是典型的家庭優先主義者。

# 問題 5　如果去吃路邊攤……

有三個ＯＬ，下班後相約去喝一杯。

「聽說附近有個路邊攤很不錯，咱們就去那好不好？」

Ｎ小姐的提議，讓Ｔ小姐頗覺為難。因為，女性去屬於男人的天下——路邊攤，好嗎？

如果是你，你會怎麼做？

①建議到其他的餐廳。

②若該路邊攤很衛生，就願意去。

③看看路邊攤老闆的模樣再決定。

④很高興的跟著去。

# 解答 5　路邊攤具有人情味

〈解說〉

此問題是針對女性問的，如果你是男性，可問你的女友。

路邊攤真是叫人又愛又恨。一方面，它會造成交通阻礙，製造骯髒，但另一方面，它又會帶動一個地方的熱鬧，可以招來消費的人群。

的確，路邊攤更是能拉攏人際關係。它可以滿足人們，恢復到兒童時期的那種快樂。日常生活愈是單純的人，對路邊攤的喜好愈強。

〈診斷〉

**①回答「到其他餐廳」的人**

屬於較時髦，見解較偏頗的人。這種人是受固定觀念拘束的人，例如：吃東西應在這，而喝酒時又應在那。

**②回答「若是衛生就願去」的人**

這種人對路邊攤有不衛生的先入為主的觀念。如果「是衛生的話」，在這種條件下才肯去的人，就不太去考慮到人的感情因素。

**③回答「先看看路邊攤老闆模樣」的人**

很重視人的印象的人，據說，很多人到路邊攤吃東西，就是看在老闆的樣子。做此回答的人，也很注重人際關係中的細節處。

**④回答「很高興的跟著去」的人**

典型的喜歡熱鬧的人。好奇心很強，只要有人去，什麼地方都願跟著去。不過，也非太情緒化之人。

## 問題 6

# 快樂的駕駛

A先生全家人開著車出去玩。此時已近中午時分。

「咱們在這吃中飯吧！」

A先生說完，就停下車。

請問，他會在哪吃中飯呢？請想像一下。

# 第六章　從你所選擇的店

## 解答6　他們有可能是帶著便當喔！

〈解說〉

這是檢測你的「家庭度」的問題。「家庭度」最高，也就是「顧家」的人，或許會選擇沙灘、公園，即餐廳或咖啡店以外的地方停下車。

現在，A先生一家人並未帶著便當出遊。在這樣的情況下，如果是你，你會如何讓家人好好享受一番。

〈診斷〉

**①認為會去海邊吃買的便當的人**

當然，這是很家庭化的類型，但，是把家庭和工作分的很清楚的人。具有開放的性格。

**②認為會在公園吃買的便當的人**

把家庭看的比工作還重要，是典型的家庭至上主義者，至於他人如何都無所謂。屬於稍微保守派。

**③認為會在家庭式餐廳吃飯的人**

由於太忙，以致於不太能照顧到家庭，當然，這種人並不是不照顧家，而是太忙之故。

**④認為是到日式餐廳吃飯的人**

喜歡享受與家人一起的時光，很能為家庭奉獻一切的人。但是，又覺得為家庭是件苦差事。

**⑤認為會到咖啡店吃飯的人**

並不很喜歡小孩，常會忘記關照小孩。也不是會照顧家庭，而是只顧自己的我行我素者。

| 大展出版社有限公司 | 圖書目錄 |
|---|---|
| 地址：台北市北投區11204<br>致遠一路二段12巷1號<br>郵撥： 0166955～1 | 電話：(02) 8236031<br>8236033<br>傳眞：(02) 8272069 |


## ・法律專欄連載・電腦編號58

台大法學院 法律學系／策劃 法律服務社／編著

| | |
|---|---|
| ①別讓您的權利睡著了[1] | 180元 |
| ②別讓您的權利睡著了[2] | 180元 |

## ・趣味心理講座・電腦編號15

| | | | |
|---|---|---|---|
| ①性格測驗1 | 探索男與女 | 淺野八郎著 | 140元 |
| ②性格測驗2 | 透視人心奧秘 | 淺野八郎著 | 140元 |
| ③性格測驗3 | 發現陌生的自己 | 淺野八郎著 | 140元 |
| ④性格測驗4 | 發現你的真面目 | 淺野八郎著 | 140元 |
| ⑤性格測驗5 | 讓你們吃驚 | 淺野八郎著 | 140元 |
| ⑥性格測驗6 | 洞穿心理盲點 | 淺野八郎著 | 140元 |
| ⑦性格測驗7 | 探索對方心理 | 淺野八郎著 | 140元 |
| ⑧性格測驗8 | 由吃認識自己 | 淺野八郎著 | 140元 |
| ⑨性格測驗9 | 戀愛知多少 | 淺野八郎著 | 140元 |

## ・婦 幼 天 地・電腦編號16

| | | |
|---|---|---|
| ①八萬人減肥成果 | 黃靜香譯 | 150元 |
| ②三分鐘減肥體操 | 楊鴻儒譯 | 130元 |
| ③窈窕淑女美髮秘訣 | 柯素娥譯 | 130元 |
| ④使妳更迷人 | 成　玉譯 | 130元 |
| ⑤女性的更年期 | 官舒妍編譯 | 130元 |
| ⑥胎內育兒法 | 李玉瓊編譯 | 120元 |
| ⑦愛與學習 | 蕭京凌編譯 | 120元 |
| ⑧初次懷孕與生產 | 婦幼天地編譯組 | 180元 |
| ⑨初次育兒12個月 | 婦幼天地編譯組 | 180元 |
| ⑩斷乳食與幼兒食 | 婦幼天地編譯組 | 180元 |
| ⑪培養幼兒能力與性向 | 婦幼天地編譯組 | 180元 |
| ⑫培養幼兒創造力的玩具與遊戲 | 婦幼天地編譯組 | 180元 |

⑬幼兒的症狀與疾病　婦幼天地編譯組　180元
⑭腿部苗條健美法　婦幼天地編譯組　150元
⑮女性腰痛別忽視　婦幼天地編譯組　130元
⑯舒展身心體操術　李玉瓊編譯　130元
⑰三分鐘臉部體操　趙薇妮著　120元
⑱生動的笑容表情術　趙薇妮著　120元
⑲心曠神怡減肥法　川津祐介著　130元
⑳內衣使妳更美麗　陳玄茹譯　130元
㉑瑜伽美姿美容　黃靜香編著　150元

## •青春天地•電腦編號17

①A血型與星座　柯素娥編譯　120元
②B血型與星座　柯素娥編譯　120元
③O血型與星座　柯素娥編譯　120元
④AB血型與星座　柯素娥編譯　120元
⑤青春期性教室　呂貴嵐編譯　130元
⑥事半功倍讀書法　王毅希編譯　130元
⑦難解數學破題　宋釗宜編譯　130元
⑧速算解題技巧　宋釗宜編譯　130元
⑨小論文寫作秘訣　林顯茂編譯　120元
⑩視力恢復！超速讀術　江錦雲譯　130元
⑪中學生野外遊戲　熊谷康編著　120元
⑫恐怖極短篇　柯素娥編譯　130元
⑬恐怖夜話　小毛驢編譯　130元
⑭恐怖幽默短篇　小毛驢編譯　120元
⑮黑色幽默短篇　小毛驢編譯　120元
⑯靈異怪談　小毛驢編譯　130元
⑰錯覺遊戲　小毛驢編譯　130元
⑱整人遊戲　小毛驢編譯　120元
⑲有趣的超常識　柯素娥編譯　130元
⑳哦！原來如此　林慶旺編譯　130元
㉑趣味競賽100種　劉名揚編譯　120元
㉒數學謎題入門　宋釗宜編譯　150元
㉓數學謎題解析　宋釗宜編譯　15[illegible]
㉔透視男女心理　林慶旺編[illegible]　[illegible]
㉕少女情懷的自白　李桂蘭[illegible]　[illegible]
㉖由兄弟姊妹看命運　李玉瓊譯　[illegible]
㉗趣味的科學魔術　林慶[illegible]編譯　[illegible]
㉘趣味的心理實[illegible]　李[illegible]編譯　[illegible]30[illegible]
㉙愛與性心[illegible]　小[illegible]

國家圖書館出版品預行編目資料
性格測驗 8 由『吃』認識自己／淺野八郎著；李鈴秀譯 --初版 --臺北市：大展，民83
面；　公分 --（趣味心理講座；8）
譯自：性格ゲーム 第8集『食』ご知るもうひとりの自分
ISBN 957-557-435-4（平裝）
1. 心理測驗
179　　83002159

本書原名：性格ゲー…「食」ご…
原発行所：KKベス…
原作者淺野八郎先生…
版權仲介：京王…
【版權所有…】

性格測驗⑧ 由「吃」認…
原著者／淺野八郎
編譯者／李鈴秀
發行人／蔡森明
出版者／大展出版社有…
社址／台北市北投區（…
電話／（02）28236031…
傳真／（02）28272069…
郵政劃撥／01955-1…

大展好書 好書大展